HORS CHAMP

Vikash Dhorasoo
Fred Poulet

HORS CHAMP

calmann-lévy

ISBN 978-2-7021-3895-3

À Sara et Rose.

MORT À LIVOURNE

Livourne

Je me demande parfois ce que je suis venu faire à Livourne. Jouer au foot, je crois. Oui, c'est ça, essayer de jouer au football une dernière fois. Je me suis blessé au début de la préparation d'avant saison, dommage ! Pendant un petit jeu j'ai ressenti une douleur à l'adducteur.

Je me suis installé dans un meublé sympathique, comme d'habitude en centre-ville. J'y ai pris mes habitudes et je m'y plais. Vers dix-sept heures, je me retrouve au beau milieu d'une flopée d'ados qui sortent de classe et, comme tout le monde dans cette ville, ils se demandent ce que je fais chez eux. Je suis venu jouer au football, comme un espoir pour les supporters de Livourne orphelins de Lucarelli. Je suis venu avec le statut d'un joueur du grand Milan, mais jamais je n'ai pu donner le dribble qu'ils attendaient ou la passe décisive à ces gens que je ne connaissais pas et qui me considéraient comme un des leurs. Alors, au lieu de jouer, je me suis intégré à cette ville comme j'ai pu.

C'est comme des vacances où je serais seul, un peu perdu dans cette ville de bord de mer en Toscane. Je me dis que c'est heureusement la ville idéale pour une vie de footballeur sans football.

Je passe des journées entières à ne rien faire. Dans une ville qui vote à 80 % à gauche, je me dis que j'ai huit chances sur dix de croiser des mecs sympas, et c'est le cas. J'ai pris mes habitudes : tous les soirs, je vais prendre l'apéritif avec les Livournais dans un bar à vin près de chez moi. Au comptoir ou à l'extérieur, je discute avec tout le monde de choses et d'autres, juste pour ne pas être seul lorsque ma famille n'est pas là. J'aime sentir l'ivresse monter, être bien et ensuite rentrer seul et un peu triste dans mon meublé, espérer encore que le lendemain, ma blessure aura disparu comme par enchantement.

Manger au bord de la mer avec Émilie, ou Éric « moumouth » Koskas me ravit. Jouer dans l'eau avec mes filles aussi. Je suis un peu devenu un guide touristique. C'est ma ville.

Pierre aussi est venu pour me voir jouer contre l'Inter. Mais le match, on l'a regardé ensemble depuis les tribunes et le soir on s'est rattrapés, direction l'Oscar, un resto de poisson un peu fashion. Mais je suis triste. J'aurais aimé briller une dernière fois aux yeux d'Émilie, pour qu'elle soit fière de moi.

Vikash

Paris, le 3 octobre 2007

« L'Autriche ne veut plus de son Euro. » C'est le titre de *L'Équipe* aujourd'hui. L'article est extraordinaire. Il dit en substance que les Autrichiens s'en foutent et que leur équipe est tellement « pourrie » qu'ils sont déjà déprimés et qu'ils ont peur d'être ridicules. Le fils d'un ancien international a carrément lancé une pétition pour que son pays se retire par respect pour le beau jeu. J'adore cette idée, alors que les Français vice-champions du monde ont oublié qu'ils ont eu des jours moins glorieux, à l'époque où l'on passait pour le dernier des ringards si on aimait le foot.

On s'est appelés trois fois avec Vikash aujourd'hui pour se dire qu'on se rappelait plus tard ou pour laisser un message comme quoi on se rappelait. On doit commencer à écrire. On a l'intuition d'avoir quelque chose à écrire. Lui à propos de tout ce qu'il aimerait dire sur sa Coupe du monde, sur le film, sur le foot, tout ce qu'on ne peut pas formuler en interview ou à la télé je suppose, et moi parce que je ne cesse de le faire à propos du foot, du sport ou de tout autre chose. J'attends qu'il m'appelle. Je suis curieux de savoir par quel bout il a pris la chose, si toutefois il a commencé. Et s'il va jouer le prochain match avec Livourne.

Fred

Paris, le 4 octobre 2007

Marseille est devenu le premier club français à s'imposer à Anfield Road et Vikash m'a appelé hier soir. C'est amusant, l'OM est censé être une équipe de tocards qui se traîne en championnat, et c'est le supposé plus tocard d'entre eux, un gamin de vingt et un ans qui jouait il n'y a même pas deux ans en nationale à Libourne – ça aussi c'est amusant –, qui marque le but.

Vikash se demande ce qu'il fout à Livourne. Il y est souvent seul. Paris, la ville qui l'a rejeté par le football, est celle qu'il a choisie pour s'installer. Après trois matchs de championnat, il n'a toujours pas joué. Petites tensions avec son entraîneur, qui veut qu'il s'implique plus à l'entraînement. Nos conversations évoquent cela en slalomant entre les phrases que nous avons déjà prononcées en Allemagne. La situation est comparable, mais loin d'être identique. Certains mots brûlent. J'aimerais aller le voir pour que nous travaillions ensemble, pour perdre un peu de temps ensemble, mais je ne veux pas y aller tant qu'il ne joue pas.

La solitude et le découragement sont des sentiments qui m'ont poussé à écrire, je souhaite qu'il en soit de même pour lui. Le monde du football ne considère pas exactement la solitude et le découragement comme des vertus, mais Vikash admet la complexité. On essaie de parler de ce livre, mais à l'inverse du cinéma, l'écriture est un exercice solitaire et il faut du courage sinon beaucoup d'impudeur pour en partager le processus. Nous avons tout de même commencé, seuls et ensemble, et Marseille a gagné et Livourne perd et Vikash ne joue pas. Mais il dit : « Oui, d'accord, je vais écrire » comme il a dit il y a quelques mois : « Oui, d'accord, je vais emmener une caméra. » Il prend de nobles risques et construit avec eux ce que va devenir sa vie ou ce qu'elle commence déjà à être. Après le football.

Fred

Livourne

Pendant le stage de préparation d'avant saison, les mecs se posent pas mal de questions à mon sujet. Ils ne savent pas tout ce qui m'est arrivé en France, que pour moi être à table avec eux et rejouer au football est vital, que de nouveau croire en des gens honnêtes, de nouveau avoir des coéquipiers et m'entraîner avec une vraie équipe est vital.

On parle de la Coupe du monde, du Milan, ils sont attentifs, admiratifs. L'un d'entre eux me demande ce que j'ai gagné en France. Tout, je lui réponds, oui, tous les titres plus une finale de Coupe du monde (2006) et une finale de Ligue des champions (2005) perdues. Ouais, ces types ne comprennent pas ce qu'est venu foutre dans leur équipe un mec qui vit à Paris, la plus belle ville du monde.

Je leur dis combien mon pays me manque, et aussi combien je suis heureux d'être là. Ils sont sincères, honnêtes, on parle gastronomie. On compare nos deux cultures, nos vies, nos parcours, mais on parle assez peu de football.

Vikash

Paris, le 6 octobre 2007

Vikash est au pied de l'Etna. Demain, il va rentrer en cours de match, enfin c'est ce qui est prévu. Bientôt, je vais essayer d'aller voir ce qu'il écrit. C'est tout de même assez vertigineux que ce mec-là ne joue pas dans l'équipe dernière du classement du championnat d'Italie et qui prend branlée sur branlée. Même Kluivert joue à Lille. Je ne sais pas ce qui se passe. Il faut que j'aille mener l'enquête sur place. Il va peut-être jouer contre la Lazio. Contre le salut fasciste de Di Canio, ça aurait de la gueule. C'est ça qu'il mérite, un triomphe politico-sportif avec ce qu'il faut de romanesque. C'est dans deux semaines, je vais lui en toucher un mot. Si ça se trouve il n'en fout pas une rame à l'entraînement. Il faut que j'aille voir

Fred

Paris, le 10 octobre 2007

J'appelle Vikash pour lui souhaiter un bon anniversaire. Juste avant qu'il ne coupe son portable. Le même jour l'an dernier, il recevait sa lettre de licenciement du PSG. Cette année, il est seul à Livourne et il ne joue toujours pas. Une de ces phrases brûlantes a été prononcée : « Je me demande ce que je fous ici. » Pas grand-chose à répondre. Je lui ai finalement conseillé de se saouler et cela semble avoir été suivi d'effets. L'entraîneur de Livourne a été viré, c'est peut-être son cadeau d'anniversaire. Le match contre la Lazio approche. Je veux croire au renversement de situation et je serai là pour le voir.

Fred

Livourne, le 18 octobre 2007

Demander où se trouve la piazza Attias. Une dame me dit qu'elle s'y rend, je n'ai qu'à la suivre. Une Fiat 500 vert pomme pour combler mon goût du pittoresque. Vikash m'attend. Nous sommes évidemment en plein centre-ville. Une porte cochère, un type sur le trottoir : « Vikash, vous allez battre ces enfoirés de fascistes de la Lazio ! » OK, le match politico-sportif de l'année, c'est pas du flan. Fiat 500, tifoso, ici on ne traîne pas pour poser le décor.

Au matin, la première activité : aller chez le kiné, forcément. Assiette d'*antipasti*, bord de mer, le soleil amical de l'automne méditerranéen. Il Stadio Communale, très élégant et très provincial. Une dizaine de tifosi avec lunettes de soleil. Les lunettes de soleil n'ont pas été inventées pour se protéger les yeux mais pour décorer les Italiens. Des retraités installent des tables en bas des tribunes pour jouer aux cartes. ça discute à fond. Opposition classique entre chasubles et maillots. Vikash court comme un lapin, dans son style : je prends la balle, je déborde chaloupé puis passe judicieuse. Je n'ai pas vu arriver les spectateurs venus assister à l'entraînement. Ils sont au moins cinq cents. La petite tribune présidentielle dans laquelle je me trouve s'est elle aussi remplie. Ils sont une demi-douzaine avec des costards un peu chics. Je suppose que le type en costume tabac avec les lunettes à verres rosâtres semi-réfléchissants est le président du club. Je demanderai confirmation. Je suis là et je regarde tous ces gens et je regarde ces vingt-deux types qui jouent au foot et j'ai tout de même du mal à réaliser qu'ils sont en train d'exercer leur profession. C'est pas très sérieux. J'imaginais des réglages tactiques au quart de poil, des mouvements répétés à l'infini. En fait, ils jouent au foot. Finalement, le président, c'est peut-être celui qui a des lunettes de vue rectangulaires, habillé en noir et blanc.

L'entraînement est terminé, les spectateurs qui se trouvaient entre les tribunes et le bord du terrain se sont retournés pour devenir les spectateurs des parties de cartes. La vie a l'air plutôt douce à Livorno, Toscane.

Sur le parking, Vikash s'approche. Discute avec un mec, lunettes bandeau alternativement sur les yeux et sur le front, au rythme de la conversation. Deux fans un peu timides s'approchent, reculent. Il me rejoint dans la voiture. « Je ne jouerai pas. » Le soleil amical d'octobre caresse la façade patinée du Stadio Communale. Renseignement pris, le président est celui qui a les lunettes rectangulaires. Vikash a d'incessantes conversations téléphoniques avec ses agents. Je ressens un trouble étrange. Le même que lorsque j'ai suivi une étape du Tour de France dans une voiture de presse. De grands enfants s'amusent avec des motos et des hélicoptères et des équipes de foot *Subbuteo* grandeur nature. Les gens sérieux ne gagnent de l'argent que par accident.

On dit que le foot est devenu une machine économique implacable qui broie les individus, c'est faux. Le foot est à l'image de ce que les êtres humains sont devenus.

Fred

Livourne

Fred est venu et on est allés à l'Oscar, bien sûr. D'ailleurs, tous ceux qui sont venus sont allés à l'Oscar. On a commencé à écrire ensemble pendant cette semaine, sur la terrasse de mon appartement.

Je passe beaucoup de temps seul à réfléchir.

J'aime parler italien avec mes coéquipiers, parler de la France, mon pays, de musique avec les jumeaux Filippini ou de politique avec Marco Amelia.

Vikash

Livourne, le 19 octobre 2007

Au café avec le journal local. Compte rendu de l'entraînement en page des sports : « Dhorasoo et Alvarez brillent. » Vikash est dans le onze probable. Dans *L'Équipe* de la veille, je relis plusieurs fois une phrase de Domenech, croyant à une coquille : « On, je ne sais pas qui c'est, ce con. » On dirait une chanson-on. ça me met de bonne humeur pour emmener Vikash à l'entraînement à Collesalvetti. Le huis clos et le cadre champêtre me rappellent les séances d'Aertzen. Je suis à l'extérieur du stade sur un talus avec quelques badauds. Vikash porte une chasuble verte, celle des remplaçants hier. J'espère qu'il sortira moins déprimé. J'adore écrire sur un talus dans un bled de Toscane.

Fred

Livourne, le 21 octobre 2007

J'arrive au stade avec une bonne heure d'avance. Je me rends compte que la plage est de l'autre côté de la route, j'y vais pour attendre au chaud.

Quelques personnes prennent un bain de soleil à l'abri de la digue, il y a même un baigneur. Des pétroliers au mouillage un peu plus loin, on dirait Le Havre en plus sexy. Vikash est au bord de la rupture, s'il ne joue pas, je crains qu'il ne fasse ses valises et rentre dès lundi. Je repartirai ce soir, je suis triste de le laisser dans une situation embarrassante. Comme pendant la Coupe du monde, les événements se conjuguent pour son malheur dans un contexte qui ne suggère que le bonheur.

Fin du match, prestation assez lamentable de Livourne dans une partie d'un niveau médiocre. J'ai discuté avant le match avec un journaliste sportif qui m'expliquait que Vikash devait s'accrocher pour rejouer et ne pas finir comme un vieux rockeur dans le caniveau. Je me suis senti pris d'un grand respect pour les vieux rockeurs qui finissent dans le caniveau. Je retourne sur la plage, je me demande dans quel état je vais retrouver Vikash. Je ne sais pas du tout ce que je pourrais lui dire, tant tout cela m'apparaît comme une vaste plaisanterie. Cet hélicoptère de la police qui tournait au-dessus d'un stade au tiers vide, la petite voiturette qui pénétrait sur la pelouse pour ramasser des joueurs blessés qui se relevaient systématiquement avant son arrivée, et le café de la buvette qui reste meilleur que celui de n'importe quel bar français.

Je retrouve Vikash à la sortie du stade. Il est colère et me dit qu'il va se barrer de ce club de merde. Coups de fil à ses agents, à qui il explique qu'il va se barrer de ce club de merde. L'entraîneur a décidé d'emmener tout le monde au vert jusqu'au prochain match et Vikash a oublié son sac dans le bus. Ce qui nous vaut un épisode à la *Starsky et Hutch*, à la poursuite du bus que nous rattrapons à l'hôtel Continental de Tirreniz. On revient via Roma, on prend la bière de l'amitié avant mon départ. « Salut, tiens bon et à bientôt. »

Fred

Aubenas, le 22 octobre 2007

Sur le chemin du retour, j'ai fait étape en Ardèche. Je dîne seul comme un connard en lisant les journaux, c'est une de mes activités favorites. J'envoie un texto à Vikash : « Super séjour, merci, ne te laisse pas abattre. » J'en reçois un en retour quand le fromage arrive : « Finalement, je reste. » Ce mec devrait faire du cinéma.

Fred

Paris, le 28 octobre 2007

Je reçois un texto de Vikash : « Je suis titulaire. » *Alles gut ende gut*[1], auraient dit M. et Mme Wiesner. C'est le premier message positif que je reçois depuis… que nous avons décidé de « commencer quelque chose » il y a un an et demi. Je suis heureux pour lui, je réponds : « Putain, c'est bon de lire ça ! » En réponse : « Dans la *primavera* [l'équipe réserve]. » Merde, je me suis emballé comme un con. Il vient de me faire une vanne pourrie. La vraie vanne de merde. On finit par s'appeler mais j'ai trop bu hier soir, j'ai la tête dans le cul et je suis très déstabilisé par cette plaisanterie. Nous avons une conversation décousue qu'il conclut par un « bonne nuit » alors qu'il est onze heures du matin.

Fred

1. « Tout est bien qui finit bien », en allemand dans le texte.

Londres, le 10 novembre 2007

Substitute est projeté au London Film Festival avant de sortir en Angleterre. Pendant le débat qui suit le film, Mike Leigh qui se trouve dans la salle me pose une question : « Que faisiez-vous avant de faire ce film ? » Pas du cinéma, la réponse est presque contenue dans la question. Si Vikash avait été là, il lui aurait sûrement demandé : « Que ferez-vous après ce film ? »

Bon, je crains que Vikash ne soit tout simplement viré, comme il s'est fait virer du PSG parce qu'il a refusé d'aller jouer avec la *primavera*. Alors il va rentrer à Paris et nous allons écrire ce livre. Je l'appellerai demain, on verra.

Fred

Livourne

Et puis, j'ai bien réfléchi, j'ai décidé de rentrer en France. J'ai préparé mes valises, je suis allé au bar à vin, j'ai dit adieu à Fernando, le patron, et je suis parti. C'était drôle ces adieux à des gens que je connaissais à peine mais que j'avais vus pratiquement tous les jours. On se dit au revoir et rien d'autre. « Ravi de t'avoir connu », qu'il m'a dit, en italien, bien sûr. Peu d'émotions, pas de larmes, pas d'embrassades, mais juste : « Salut et à un de ces jours. » Je suis allé vers l'aéroport de Pise, je me suis retourné une dernière fois sur la ville de Livourne et je me suis envolé vers Paris. L'avion a pris son envol et par le hublot j'ai jeté un coup d'œil vers le bas. Le Coni, le centre d'entraînement de l'AS Livorno, était là sous mes pieds. Il aura été le dernier stade sur lequel j'aurai tapé dans un ballon.

L'histoire de Livourne, c'est un peu mon histoire, ou l'histoire d'un autre footballeur. On se déplace, on voyage, on déménage pour travailler, jouer au footballeur, profiter de sa passion. On traîne toute sa famille. On se retrouve dans un endroit, une nouvelle ville, un nouveau club. Il faut s'intégrer, s'inventer une nouvelle vie. On y crée des liens, on se fait parfois même de vrais amis, parfois même dans son équipe, et puis un jour on change de club. On s'échange les numéros de téléphone, aujourd'hui les e-mails, et on disparaît. On s'appelle un peu au début et puis de moins en moins…

Donc, comme d'habitude, je suis parti sans état d'âme. J'ai pris l'avion et je suis arrivé en France.

Drôle d'expérience. J'ai l'impression que ce voyage en terre toscane avait un but. Comme s'il avait fallu que je passe au cours de ma vie par cette ville de bord de mer qui vit au rythme des îles, où l'on mange du poisson en regardant les ferries partir vers la Corse ou la Sardaigne.

Vikash

Paris, le 13 novembre 2007

Il est rentré à Paris, comme je l'avais imaginé. Un silence radio de plus d'une semaine ne pouvait présager qu'une issue funeste. Je commence à connaître le système : pas de nouvelles = quelque chose se passe. Vikash est rentré à Paris. *Ciao bello.* Son sens inné de la mise en scène l'a fait rentrer le jour le plus noir de l'année pour le calcio. Un supporter de la Lazio est mort sur une aire des autoroutes toscanes que j'ai dû emprunter pendant mon séjour. Sous les balles d'un policier. Un drame qui a provoqué des émeutes à Rome pendant que les violences des supporters contraignaient à l'arrêt d'un match à Bergame. Le *Corriere dello Sport* se demande comment un pays normal peut accepter ce genre de choses. D'autant qu'ils surviennent à peine deux semaines après les scènes de vengeance collective contre les Roumains – l'un d'eux avait violé une Italienne. On a honte pour l'Italie. Je n'ai pas de conclusions à en tirer, je suis triste pour un pays que j'aime, triste d'écrire ces lignes à côté de Vikash avec, posée entre nous sur la table, la lettre de licenciement qu'il vient de recevoir de Livourne. Je n'avais pas spécialement idéalisé le monde du football, mais merde, c'est quand même pas terrible. Beaucoup d'argent et la parole qui ne passe pas, c'est une situation qui génère de la violence. Je repense au match Livourne-Lazio. Je repense à ces deux sexagénaires qui se sont battus à deux mètres de moi, à l'envahissement du terrain, aux joueurs qui n'osent pas sortir du stade parce qu'ils sont attendus par les supporters, aux supporters de la Lazio qui chantent à la gloire du Duce. Et en même temps, à l'amical soleil d'octobre, à la mer à cent mètres, à la montagne toscane, depuis laquelle on voit les grues du port de Livourne se découper à contre-jour sur la mer aveuglante. Je ne sais pas. Vikash non plus. Il ne sait pas s'il va jouer encore au foot, ni ce qu'il va faire de la fin de cette année. Il se passe toujours quelque chose. Entre le bonheur et la tristesse, entre ce qui devait se passer et ce qui se produit réellement, il y a la vie. Nous écrivons à la même table avec une lettre de licenciement entre nous, et Sara qui s'est réveillée et raconte les Barbapapas pour faire en gazouillis la bande-son de nos tâtonnements.

Fred

AU DÉBUT ÉTAIT LE VERBE

« C'est délicieux d'écrire Vikash Dhorasoo[1] »

Il ne s'est rien passé. Il ne s'est rien passé depuis les championnats du monde d'athlétisme.

Envoyer un courrier à Vikash Dhorasoo.

C'est vrai, j'aimerais bien parler avec Vikash Dhorasoo. On pourrait parler mais je ne pourrais rien demander. Vikash Dhorasoo est un footballeur qui incite à la répétition parce que c'est délicieux d'écrire Vikash Dhorasoo. Il est d'origine mauricienne et il joue au football à Lyon. Il est réputé pour être l'intellectuel du football français. Son entraîneur Paul Le Guen aussi, il a un peu installé ça à Lyon. On s'en doutait, il choisit pour répondre aux interviews des mots très précis et des tournures de phrases qui, dans le contexte littéraire associé au football, semblent surlignées au Stabilo. Et puis ses cols roulés anthracite sous un menton volontaire le font irrésistiblement apparaître comme le grand frère de Dominique A. Il

1. Texte publié dans la revue *Vacarme* n° 26, hiver 2004.

a mis un intellectuel au moins dans chaque ligne. Éric Carrière en attaque, en défense le Suisse Patrick Müller. C'est incroyable, il est capitaine et il s'excuse d'être timide et il explique dans L'Équipe *qu'il comprend très bien que les journalistes ne viennent pas le voir après les matchs. Il déclare carrément : « Je me dis que les journalistes regrettent que ce ne soit pas Elber ou Coupet et je constate qu'ils n'ont aucune question à me poser. Mais c'est compréhensible, je dis peut-être toujours les mêmes choses. » Coupet c'est le gardien, la saison dernière il avait décidé que Vikash Dhorasoo faisait chier avec ses trucs d'intello et qu'il foutait une mauvaise ambiance. Lyon a donc prêté Vikash Dhorasoo à Bordeaux mais il est revenu, je pense parce que Le Guen l'aime bien et que des copains de Coupet sont partis à l'intersaison. Voilà, je pourrais parler de ça avec lui, de l'importance de la valeur intellectuelle des individus dans la construction d'une équipe. Je lui demanderais aussi quel effet ça fait de ne pas pouvoir fumer de joints parce qu'on est contrôlé tout le temps quand on est footballeur et qu'est-ce qu'il pense de ça, politiquement. Comment vivent les footballeurs homosexuels ? J'écrirai encore du sport dans* Vacarme *et j'écrirai ce que j'ai fait ou pas fait pour parler à Vikash Dhorasoo. Je vais lui faire parvenir une demande officielle pour parler avec lui et j'écrirai dans* Vacarme *si je l'ai fait ou pas et ce que j'ai fait pour quels résultats. Ce sera très intéressant. Depuis que dure mon engouement pour Gertrude Stein, rien ne peut m'empêcher d'écrire, c'est très intéressant. Je vais faire parvenir à Vikash Dhorasoo quelques exemplaires de* Vacarme. *Mais attention, c'est quand même un gars qui joue la Ligue des champions et je ne sais pas si on peut faire ça avec lui. Il ne s'est vraiment rien passé depuis les championnats du monde d'athlétisme. J'ai fondé beaucoup d'espoirs sur la Coupe du monde de rugby mais je crois que finalement, la Coupe du monde de rugby n'est pas très possible. Ce n'est pas possible de se réjouir et puis voir pendant trois semaines les favoris gagner 78 à 3 et être encore réjoui pour les demi-finales. Quelque chose clochait un peu et la pluie tombait et on sait que souvent l'équipe de France de rugby va perdre sous la pluie dans l'hémisphère Sud. Il paraît que l'équipe de France de rugby a du mal à développer son art les pieds dans la boue qui convient si bien à la rigueur tactique des Anglais qui nous trouvent arrogants, je sais pas pourquoi. Enfin, je n'aime pas trop la Coupe du monde de rugby pour le moment. Le problème n'est pas qu'ils aient perdu, mais c'était juste pas bien.*

Je vais aussi faire parvenir ce texte à Vikash Dhorasoo en guise de demande officielle avec les numéros de Vacarme. *Il a dit quand on lui a demandé ce que ça lui faisait d'être catalogué intello du foot que tout ce qu'il faisait en dehors, c'était pour mieux jouer au foot. Espérons que* Vacarme *peut aider Vikash Dhorasoo à mieux jouer au foot.*

Je suis Vikash Dhorasoo.

Je suis footballeur et j'habite à Lyon. Lyon, c'est un peu ma ville d'adoption. Normal qu'on se sente chez soi dans une ville quand on vient d'y passer presque six ans.

J'habite un appartement en plein cœur du Vieux-Lyon, avec ma femme Émilie et ma fille Rose.

Pas d'entraînement cet après-midi et pas de sieste au programme.

Nous sommes le 6 janvier 2004, nous sommes là, accoudés au bar de la cuisine, et Émilie feuillette une revue : *Vacarme.*

Vacarme, c'est un peu le point de départ de cette histoire. C'est ce qui va provoquer ma rencontre avec Fred Poulet. Enfin non, pas tout à fait. Pour être plus précis, c'est Pauline Fondevilla la responsable. Pauline, c'est ma belle-sœur – la sœur de ma femme. Elle est artiste et elle a fait des dessins pour *Vacarme.* Alors nous, tous ses fans, on achète le numéro 26 de *Vacarme.* C'est la première fois et certainement la dernière qu'on achète cette revue. Mais bon, dans celle-ci ou dans une autre, nous sommes assez fiers de Pauline.

Et donc Émilie feuillette la revue et me la montre. « Regarde, tu vas voir, c'est incroyable ! » qu'elle me dit. Alors je regarde, et je cherche ce qui peut être incroyable dans cette revue, à part les dessins de Pauline. Je tombe sur eux, pas difficiles à reconnaître. Elle a sa patte, la Pauline. Alors je retourne au début et là, je comprends enfin. « C'est délicieux d'écrire Vikash Dhorasoo », par Fred Poulet.

Et en effet, c'est incroyable !

Une multitude de questions arrivent. Qu'est-ce que je fais là, moi, footballeur, dans une revue un peu élitiste, à côté des dessins de Pauline ? Quelle est la probabilité pour que l'on soit, Pauline et moi, dans le même numéro d'une revue que l'on aura achetée une fois dans notre vie ? Et surtout, qui est ce Fred Poulet qui trouve délicieux d'écrire Vikash Dhorasoo ?

Je lis l'article et il est assez délicieux à lire, donc je continue car il est assez sympa avec moi et ce n'est pas toujours le cas. Je sens un peu de provoc dans son papier, je le prends comme ça.

Tu me cherches, eh bien tu vas me trouver, Fred Poulet ! Je vais t'en boucher un coin, tu vas voir ça !

Je descends l'ordinateur de l'étage du dessous et avec Émilie, on commence nos recherches. Poulet, ça sonne les Antilles mais bon, on n'est pas sur la bonne voie.

Internet c'est quand même fantastique : en quinze minutes, on sait tout sur lui.

Il est chanteur, le mec, et il écrit la page sport de *Vacarme*, qui est un semestriel. On continue nos recherches. Poulet, c'est un pseudo ? Mais quelle idée d'avoir choisi Fred Poulet ? Étrange, le gars.

Cette histoire m'intrigue. Je suis un peu fier, je crois. Alors je vais te répondre, mon petit Frédo.

Je décide de lui envoyer un mail. Il ne va rien comprendre et sera sûrement surpris de le recevoir.

Je tape www.vacarme.fr.

Ils ne vont jamais me prendre au sérieux, mais bon, on ne sait jamais.

Et puis, ce Fred Poulet, je le sens, il va me répondre.

Donc bonjour je suis VD et bla bla bla et bla bla bla.

Et je le recommence encore et encore ce mail parce que je veux que ça le scotche et finalement je clique sur « envoyer ». C'est parti !

Émilie et moi sommes assez contents de nous. Maintenant, je vais squatter l'ordi en attendant une réponse qui, en fait, ne va pas tarder à arriver.

Fred m'a répondu et on va s'échanger quelques mails avant de se parler au téléphone.

Entre-temps on s'est pas mal renseignés sur Fred Poulet, grâce à internet toujours, et Émilie a acheté un de ses albums, qu'on écoute en boucle.

On s'est échangé les numéros de téléphone et un après-midi, pendant que Rose se repose, je l'appelle.

Je me souviens assez bien de cette première conversation. On a parlé de foot bien sûr, de musique, de sa musique et de cuisine. J'en ai profité pour critiquer un peu tout le monde – c'est comme ça quand je me sens à l'aise, je fracasse dans tous les sens – et on a convenu de se voir assez vite. La première idée était que Fred vienne à Lyon et puis très vite ça a changé. Nous allions profiter d'un week-end à Paris pour aller voir Fred.

On avait laissé Rose à l'hôtel avec une baby-sitter, je ne vous raconte pas la fin de nuit qu'on a passée, mais ça valait le coup.

On s'est donc retrouvés chez Fred et Sarah, sa copine.

Repas sympa : Fred avait fait des langoustines à l'orange (il vient de me le dire au téléphone, moi, j'avais écrit des crevettes), vin rouge, beaucoup de vin rouge (pour moi aussi), cigarettes… normales (cette fois pas pour moi), bonne musique et ambiance sympa, même si avant j'étais pas mal stressé de rencontrer un vrai intellectuel (pas un intellectuel du football). Finalement je me suis décontracté, sûrement parce que Émilie était là et ça m'a vachement rassuré. Ce mec est une véritable bible !

Le seul problème, c'est qu'on avait choisi un soir de match de l'équipe de France. Pour moi, aucun souci vu que ça ne m'intéresse que quand je suis sélectionné, enfin plus exactement quand je joue.

Fred, lui, ça l'intéresse drôlement. « Tu sais qu'il y a la France qui joue ce soir ? » Oui, je sais et je m'en fiche ! Déjà, me taper les deux rigolos de commentateurs en temps normal, c'est hard, alors pour une de mes rares soirées à Paris avec Émilie, je crois que ça va pas être possible.

« Allez, Émilie, on se casse, on est chez les ploucs. Ils matent le foot à la télé. »

Mais en fait, ça ne s'est pas vraiment passé comme ça parce que c'est plus grave que ça, ce que j'ai à dévoiler ! Fred Poulet ne nous a jamais proposé de regarder le match en mangeant des pizzas. Non, non, non ! C'est qu'il les enregistre les matchs, et il les regarde plus tard, le Fred.

Remarque, elle semble logique son explication ! Normal, c'est pas un intellectuel de foot.

Au fait, Fred Poulet, c'est pas un pseudo ! Eh oui les amis, c'est son vrai nom.

Pour le reste, tout a été vraiment super.

On a parlé des pétards, c'est important, de politique (on est d'accord, ça tombe bien, mes amis sont politiques et c'est important aussi), de cuisine et de musique.

Effectivement, Fred Poulet, c'est mon vrai nom. On ne peut pas se chercher un pseudonyme quand on s'appelle comme ça, c'est grotesque. Le fait qu'un footballeur se retrouve avec cette revue entre les mains défie toutes les statistiques, mais ma vie est vouée à ce défi. Il est étonnant de constater a posteriori que toute cette histoire est peuplée de personnages qui la traversent comme des anges, gardiens de l'esprit du projet et de sa cohérence, relationnelle, politique ou artistique. C'est le cas de Pauline Fondevilla, Franck Annese, Christine Thomas, Rodolphe Burger. Rodolphe, il est particulièrement significatif. C'est lui qui m'a présenté Ariane Chottin et toute l'équipe de la revue *Vacarme* qui héberge depuis maintenant dix ans mes digressions sur le monde du sport qui ont eu, on le voit, une importance primordiale dans cette histoire.

Pierre Alféri est un écrivain remarquable qui rédige depuis longtemps des paroles pour les chansons de Rodolphe et se trouve à ce moment-là donner des cours à l'école des Beaux-Arts de Lyon. Il écrit également des articles sur le cinéma dans *Vacarme* et suggère un jour à une de ses élèves, Pauline Fondevilla, de participer au graphisme d'un des numéros de la revue. Pauline se trouve être la belle-sœur de Vikash et elle intervient par un hasard tout à fait incroyable précisément pour le numéro dans lequel j'écris un article sur Vikash. Tout naturellement, Émilie, la femme de Vikash, achète la revue, et Vikash s'aperçoit qu'un certain Fred Poulet a écrit un article sur lui. Il prend la peine de répondre par mail à *Vacarme*, disant qu'il aimerait parler à l'auteur. Il faut dire que cet article était plus ou moins rédigé comme une prière pour rencontrer « l'intellectuel du football français », je m'engageais même à mentionner dans les prochains articles ce que j'aurais fait ou pas fait pour le rencontrer. Et voilà, c'est parti, le contact est établi, d'abord par mail, puis au téléphone, et nous avons fini par nous rencontrer. Vikash était encore à Lyon mais il est passé un soir à la maison avec Émilie sur la route du Havre.

Étrangement, le festival C'est dans la vallée qu'organise Rodolphe se trouvait être sur la route de l'Allemagne quand je suis parti filmer, et *Substitute* y sera projeté exactement un an plus tard. Entre-temps, les nombreux plans du film que Vikash tourne dans sa chambre m'ont suggéré la chanson éponyme « La chambre » (sur l'album *Far from the Pictures*, de Kat Onoma) comme bande originale, chanson dont le texte a été par ailleurs écrit par Pierre Alféri.

J'aime quand les événements se déroulent de cette manière, quand la vie fait des clins d'œil improbables, cela me donne foi en je ne sais pas quoi, en tout cas des raisons de me lever le matin, des raisons d'écrire des chansons inutiles, des raisons de dépenser le peu d'argent que je gagne à acheter des films super-huit, des raisons d'aimer mes amis, des raisons de continuer à me lancer dans des projets hasardeux et voués à l'échec commercial, des raisons de continuer à défendre des idées dont je ne suis pas sûr.

Milan Association Calcio

J'ai signé au mois d'avril suivant au Milan AC. Incroyable. Qu'est-ce que je fais là, moi le petit Havrais de Caucriauville ? Je n'y croyais pas et je pense que je n'y croirai certainement jamais.

J'ai failli accepter une proposition de Marseille et au dernier moment, le lendemain d'une des très grandes défaites de l'histoire du club à La Corogne, ils ont dit oui. Je devais aller passer la visite médicale le lundi. Problème, je jouais la veille à Strasbourg, alors j'ai marché sur le terrain. Pas question de prendre des risques avant d'aller à Milanello. On a gagné, et j'ai pu m'envoler vers Milan l'esprit tranquille. Le lundi soir tout était réglé, j'avais signé au Milan AC.

Le mardi à l'entraînement, à Lyon, je me sentais ailleurs, j'étais devenu un futur joueur du grand Milan.

Joël Bats, comme d'habitude, m'a demandé si j'avais passé un bon week-end. « Super ! Si tu savais... J'ai passé le week-end à Milanello. » Il n'a pas percuté.

Ce fut annoncé vingt et un jours plus tard dans *L'Équipe*. Double effet *kiss cool* : j'ai d'abord nié parce que Milan ne voulait pas que ça se sache, et un peu plus tard j'ai confirmé. J'ai vécu un moment délicieux en rentrant dans le vestiaire de l'OL : Peguy avait ouvert *L'Équipe*, où était écrit en gros : « Dhorasoo au Milan ». Génial, Peguy ! Tout le monde a cru que c'était une blague ; bien entendu, Peguy était un des rares dans la confidence.

J'ai fini la saison comme cela, en volant.

À partir de cet instant, je me suis super-amusé. Je jouais décontracté. Je me disais souvent : « Je vous ai tous bien eus ! » Personne ne s'y attendait et surtout pas Aulas, qui a commencé à me faire des propositions de prolongation de contrat. Quel malin, cet Aulas. Je crois pourtant qu'il était fier et peut-être presque content. Un joueur de son club rejoignait le plus grand club du monde.

J'ai terminé la saison champion de France, porté en triomphe par mes coéquipiers dans un stade qui me réservait une *standing ovation* à chacune de mes sorties et l'Étoile *France Football*[1] en poche.

Quel renversement de situation pour un joueur parti en exil forcé à Bordeaux (un peu à cause de Coupet) et qui revient pour finir couvert de gloire !

Je suis assez fier d'avoir été le François Perrin du moment, même si c'est un peu prétentieux. J'ai souvent rêvé de me retrouver, comme dans le film, avec quelques personnes au restaurant et pouvoir lever mon verre « à toute cette bande de... qui fait le monde du football ». Je sais déjà qui aurait été là et je connais même l'invité d'honneur.

Tout de même, quel renversement pour un joueur insulté par le public lyonnais lors de Lyon-Bordeaux !

Le Guen a été obligé de me faire jouer tous les matchs. Eh oui, le peuple me réclamait, et en plus j'étais assez bon et je marquais des buts.

Bien sûr, pendant toute cette période, l'équipe de France ne voulait pas de moi. Ça tombe bien, je

1. Ce trophée est décerné chaque fin de saison par un jury d'anciens lauréats rassemblés par le bihebdomadaire *France Football*, et vient récompenser le joueur le plus performant et régulier de la saison écoulée.

m'en passais sans aucun problème. Et comme j'étais comblé en club...

Je suis donc parti vers Milan en me disant que la France allait s'éloigner de moi, mais c'était le contraire qui allait se passer.

Pendant l'été, Domenech est devenu sélectionneur de l'équipe de France. Je jubilais. C'était peut-être ma chance.

Domenech, je l'avais eu en espoir et avec la sélection olympique. Il allait penser à moi, c'était sûr. Il suffisait que je joue assez.

Mon interview de Fred

Depuis Milan, on a continué à se parler au téléphone. On a continué nos belles discussions à distance.

Et Francky (Franck Annese), qui préparait un *So Foot* spécial Dhorasoo, me demande de t'interviewer pour ce numéro. Futé le bougre, retour à l'envoyeur, en quelque sorte.

Ça m'inquiète pas mal tout ça à vrai dire. J'ai jamais fait ça moi, questionner un gars, jouer au journaliste. Journaliste sportif, je m'en serais peut-être tiré, mais là, quand même c'est Fred Poulet.

Et pourquoi il me demande de faire ça, Francky ? Il faudra que je lui demande à l'occase. N'empêche que j'ai accepté et que je tenais à le faire. Vous allez voir ce que vous allez voir... Alors j'essaie de le préparer, cet article, et un soir, je me décide à appeler Fred. On cause et je me rends compte que c'est dur. Je rame, mais j'ai l'impression qu'au fil du temps je m'améliore. Je commence à lui poser des questions intéressantes il me semble, et lui m'énerve parce que ses réponses sonnent comme une évidence. Y a ça chez lui, le mot juste au bon moment… Fred, c'est le mec qui rectifie ce que tu viens de dire, toujours subtilement. Les mots ont de la valeur, ou il leur donne une grande valeur. Donc il utilise toujours le mot juste, à la nuance près.

Finalement j'y suis arrivé ! Et qu'est-ce que j'en fais de cet entretien ? C'est le plus dur qui commence. Faut remettre en forme, trouver une trame, une idée directrice.

Je suis assez motivé et j'écris ce foutu papier. C'est même pas trop mal, enfin je trouve. J'appelle Fred un soir pour lui lire. Grosse pression sur les épaules. C'est fait. Il est ému, c'est ce qu'il me dit. Je le crois !

Quelque chose vient de commencer, une sorte d'aller-retour, de va-et-vient entre Fred et moi.

On va continuer à se parler mais toujours sans se voir, puisque je suis à Milan.

Je m'y sens pas mal, je joue au foot, j'aime la ville, l'Italie, je suis dans le plus grand club du monde et pourtant je vais en partir. Revenons plutôt au va-et-vient.

Vikash m'appelle. C'est normal, on s'appelle. Cette fois-ci il y a quelque chose d'étrange, il tourne autour de je ne sais quel pot. Puis il me rappelle que *So Foot* lui a proposé d'écrire la chronique de mon album *Milan Athletic Club*, qui sort à ce moment-là. Je comprends mieux.

« Finalement, je crois que c'est mieux de faire une sorte d'interview par téléphone.

– OK, vas-y, pose tes questions. »

La situation se complique immédiatement, c'est étrange, nous répondrons par la suite à tant d'interviews ensemble ! Celle-ci ne donne pas grand-chose. À la fin de ce qui n'a même pas été une conversation, Vikash me dit : « Bon, finalement je vais faire autrement, je vais écrire un truc.

– OK, Vikash, bon courage. »

Franck Annese a à ce moment-là l'idée d'initier ce mouvement d'écriture de l'un vers l'autre qui ne nous a finalement jamais quittés et qui se révèle aujourd'hui le ciment de notre amitié. Quand je sens chez les gens que je rencontre une stimulation relationnelle particulière, j'ai souvent envie de leur proposer un projet commun, j'ai l'impression que cela nous permet d'échapper à ce que j'appellerais une sorte de tourisme relationnel et de construire quelque chose qui s'apparenterait au voyage, pour poursuivre la métaphore. Franck a sûrement senti cela, en tout cas, sa proposition a fonctionné comme un déclencheur. Un an plus tard, nous imprimions des images sur les premières bobines de *Substitute* et aujourd'hui, Vikash pige pour *So Foot.* Nous bouclons des boucles ; nous nous sommes rencontrés grâce à un article que j'avais écrit dans *Vacarme* un an plus tôt. Deux exercices d'écriture qui débouchent sur un film en commun qui s'écrit tout seul, puis sur un livre qui s'en souvient.

Je suis à Milanello, demain je joue, super, Atalanta Bergame-Milan Association Calcio. J'écoute le dernier album de Fred Poulet : *Milan Athletic Club.* Fred Poulet, pourquoi tu as appelé ton album comme ça ? Tu kiffes le foot, le HAC, Berlusconi, l'Italie, la bouffe, l'élégance, le cinéma ? Mais qu'est-ce que ça te rappelle, les années soixante-dix, les échanges, le partage, la liberté, des choses que tu veux remettre au goût du jour, que tu ne veux pas qu'on oublie, comme tes chansons, Fred Poulet, auxquelles tu redonnes une deuxième chance ? Tu t'inquiètes, Fred Poulet, et malheureusement, tu as raison, ça empire

Mais au fait, pourquoi je vous parle de Fred Poulet ? Peut-être parce qu'il me dit souvent : alors,

Vikash, pas de regrets ? Si c'était à refaire ? Pourquoi si tard ? Et pourquoi… et pourquoi ? Eh bien parce que Bernard Lions, Pauline Fondevilla, Antoine Oricelli, Denis Troch, Natacha Appanah-Mouriquand, Nabil Hijazy, Matthieu Louis-Jean… Et parce que Fred Poulet. Et pourquoi Fred Poulet ? Parce que j'achète *Vacarme*, parce que Pauline Fondevilla, et je tombe sur Vikash Dhorasoo par Fred Poulet, c'est qui Fred Poulet ? Tu me cherches ? Bouge pas, j'arrive : pouletos@hotmail.com. Je veux savoir qui t'es, même si tu m'intimides. Je suis plus sur le terrain, là, et toi, t'es comment quand t'es pas sur scène ? Pas mal chez toi, en plus on y mange bien, mais pas italien, bizarre. Bizarre aussi un mec qui enregistre un match de foot pour le regarder en accéléré. Ou pas si bizarre que ça, plutôt logique. On devrait même enlever le milieu du terrain, ça serait plus cool.

Le seul problème avec toi, Fred Poulet, c'est que tu ne donnes aucune réponse aux questions que tu poses. Tu les aimes pas trop, les mecs qui donnent des réponses, pas vrai ? Encore une fois, t'as raison, Fred Poulet, d'ailleurs tu m'énerves, t'as trop souvent raison. Alors pourquoi Fred Poulet ? Eh bien parce que Fred Poulet.

Milan Athletic Club

Fred m'envoie un mail. Il m'explique son projet. Il est en train d'écrire un nouvel album, *Milan Athletic Club* qu'il va l'appeler. Tu t'es planté, mon petit Fred. C'est Milan Association Calcio le nom de mon club. Oui, mais comme j'ai joué au Havre Athletic Club, on va se débrouiller. On va faire croire que t'as fait exprès. C'est pour me rendre hommage qu'on va dire. En fait, t'as fait un mix des deux et finalement ça sonne assez bien.

Alors je vous explique le projet. Fred fait une sorte de road movie musical en Italie. Eh oui, Fred, c'est beau l'Italie. Hein, Fred, tu leur diras que c'est beau l'Italie, la mozzarella, les pâtes à l'*amatriciana*, les filles, la Toscane… ça l'inspire tout ça.

J'appelle Fred, intrigué, comme souvent avec lui. En fait c'est simple, il veut venir en Italie *al lago di como* pour tourner quelques clips des chansons de son nouvel album. Il aimerait bien que j'apparaisse dans un des clips. Pour « Toute une vie », je crois. L'idée serait qu'on se croise au bord de la route...

Même si tout cela m'enchante, ce ne sera pas possible. C'est la fin de la saison et même pour Fred, je ne resterai pas à Milan. Dommage ! La caméra, ce sera certainement pour une autre fois, mais pas en Italie. J'ai décidé de partir. J'ai reçu une proposition du PSG et ça me plaît.

Je crois que c'est une bonne chose pour le foot, mon métier, Émilie, ma famille et pour... *Substitute.*

On va faire croire que t'as fait exprès. En repensant au tournage de ce clip au lac Majeur, je me rends compte que je t'ai très vite proposé de participer à un projet super-huit. Il se trouve que ça tombait pendant la trêve hivernale, on va faire croire que je l'ai fait exprès. J'ai écrit des chansons qui évoquent le nord de l'Italie. Et puis j'aime beaucoup la locution « athletic club ». Je n'aime pas le AS d'« association sportive », qui fait patronage, un peu plus le FC de « football club », mais c'est trop commun, ça commence à être pas mal avec le RC de « racing club », résolument anglo-saxon, avec le O d'« olympique » ça sonne terrible quoique un peu omnisports et le top : « athletic club ».

Alors pourquoi le Milan trompe-t-il le couillon avec son « association calcio » pour les mêmes initiales ? On va faire croire qu'ils l'ont fait exprès. Pourquoi des chansons qui évoquent l'Italie du Nord avant que tu joues à Milan et qu'on fasse un film pendant une Coupe du monde remportée par l'Italie ? Pourquoi l'Athletic Club du Havre a-t-il les mêmes initiales que l'Association Calcio de Milan ? Pourquoi a-t-on commencé à écrire ce livre dans une ville italienne qui ressemble tant au Havre ? Pourquoi as-tu une belle-sœur qui dessine à côté de l'article que j'écris sur toi ? Toujours mon goût pour les questions sans réponses…

On va faire croire que tout le monde fait tout exprès.

Ça, c’est Paris !

Ça a traîné un peu avec le Milan, qui voulait vraiment me garder, mais finalement les deux clubs ont trouvé un accord. Je suis en Toscane quand mon agent m’appelle pour me dire que tout est OK et que je peux prendre l’avion pour Paris.

Je me rapproche de toi, Fred. Tu vas pouvoir m’inventer un truc venu de nulle part, un projet dont tu as le secret « qui a vocation à ne pas marcher mais dont [tu es] toujours fier… », comme tu dis.

Jouer au PSG et vivre à Paris sont deux choses bien évidemment liées mais que je vais essayer de distinguer, de séparer.

Jouer à Paris, c’est quand même jouer dans le club de la capitale, porter le maillot d’un club prestigieux et qui me faisait rêver lorsque j’étais jeune.

Je ne vais pas m'étendre sur le PSG pour l'instant (cela fera l'objet d'un autre bouquin, celui-ci certainement comique) alors que je suis en train d'écrire un vrai livre, bien sérieux.

Donc je décide de signer au PSG et de venir vivre à Paris.

Ce n'est pas facile au début, je vais d'hôtel en hôtel pour finalement atterrir dans un meublé avenue Mozart. Vous savez, c'est une case orange au *Monopoly*. Eh oui, on est dans le XVIe arrondissement. En fait je m'installe ici en attendant de pouvoir emménager dans l'appartement que j'ai acheté, rue de la Pompe. La plus grosse erreur de mon passage au PSG.

Mais je suis tout de même dans Paris et ça, c'est déjà super. Comme le centre d'entraînement du PSG est à Saint-Germain-en-Laye, à l'ouest de Paris, je n'ai pas trop le choix, il faut que m'installe dans cette partie de la capitale.

Passy, c'est mon ghetto. Un ghetto de Blancs, de privilégiés, de sarkozystes en puissance. Un ghetto où la mixité n'existe pas et où les seuls immigrés sont les nounous blacks et asiatiques, auxquelles on peut ajouter les gardiens d'immeuble portugais ou espagnols.

Mais le pire, c'est quand même les nanas refaites de la tête aux pieds, en manteau de fourrure, qui se promènent avec leur caniche. Et je vous épargne les petites ados qui vont à l'école en tenue de soirée. Je n'ai pas toujours regardé mon arrondissement comme ça, notamment lorsque j'étais footballeur, un privilégié au milieu de tant d'autres. Mais dès mon licenciement, je me suis senti assez mal à l'aise. Je ne suis pas né riche, ma place n'est pas ici. Alors depuis, je cherche à bouger pour enfin rentrer dans cette ville, de la même façon que d'autres cherchent à quitter Barbès.

Toi c'est le contraire. Tu es plus ou moins obligé de vivre à Barbès et tu t'y plais pas mal…

Barbès, c'est un peu loin de chez moi. C'est où Barbès, d'ailleurs ? Je ne suis pas encore au point. J'ai du mal à me repérer dans cette ville magnifique qu'est Paris.

XVIIIe arrondissement. Chez Fred. Vers Montmartre. Je ne me souviens plus très bien. Je suis venu il y a un moment. Deux ans déjà et ce fameux article de *Vacarme*. C'est vrai que j'aime bien venir te voir à Barbès.

Très vite on reprend contact et on recommence nos discussions. J'avoue que je ne me souviens pas bien de ces dernières. Elles ne devaient pas être très intéressantes. Politique, musique, cuisine, on se lasse sûrement de parler des mêmes choses à force. Faut autre chose pour relancer le truc, pour qu'on se souvienne de nos conversations. Je te laisse faire. Tu vas t'en charger je pense.

THE KID STAYS IN THE PICTURE

Substitute, le début

Je suis chez moi un après-midi, dans mon appartement du XVIe arrondissement, au dernier étage de l'immeuble avec vue sur la tour Eiffel. Il fait beau. La lumière rentre de partout. C'est très agréable.

Pas de sieste pour moi cet après-midi. Rose et Sara dorment. Eh oui, la petite Sara est née il y a un an (à Milan s'il vous plaît).

Le portable sonne. J'arrive trop tard. FRED. Je le rappellerai plus tard. ça sonne à la maison dans la foulée.

Fred toujours, ce doit être important pour qu'il appelle aussi sur la ligne fixe. Il doit avoir un truc à me proposer, un projet, une aventure…

« Oh, tu veux passer ? OK, pas de problème, je t'attends… »

Fred arrive. Barbès-rue de la Pompe, sacré périple…

On s'installe sur la miniterrasse.

« Donc ouais, j'aimerais te proposer de prendre une caméra super-huit et de partir avec à la Coupe du monde.

– Oui, bien sûr Fred, et quoi d'autre ?

– Eh bien, je ne sais pas trop, tu vois. C'est pas encore super clair dans mon esprit… »

Bon, en fait, Fred me propose un truc un peu expérimental. Il ne m'en dit pas plus et pourtant j'accepte sans hésiter. Comme d'habitude, j'ai assez confiance en lui et le projet, même flou, me branche bien.

On en reparle, Fred ! OK ? Et vite même, lors d'un dîner à la maison. Émilie, Pauline – tiens, c'est marrant –, Bernard Lions et moi. Le décor est planté.

Fred n'en sait pas beaucoup plus sur son projet. En gros, je pars à la Coupe du monde avec une caméra super-huit et je me filme à bout de bras. Eh bien voilà, Fred, c'est beaucoup plus clair. Mais ça ne plaît pas vraiment à Bernard. Il trouve le projet risqué pour moi…

C'est justement ça qui est super, Bernard, et c'est pour ça que j'accepte. Faut se mettre en danger dans la vie. En plus, il n'y a pas d'opportunisme dans la démarche de Fred. Il ne pense pas devenir millionnaire et c'est pour tout ça que je le suis.

Bon, à part ça, c'était un super repas. On a bien mangé, bu du bon vin, et surtout refait le monde, comme chaque fois. Pauline et Fred se voyaient pour la première fois depuis leur rencontre indirecte dans *Vacarme*. Le repas s'est terminé sur une jolie discussion, ou plutôt un monologue de Fred sur le Japon. Fred est un poète. Maintenant j'en suis sûr, sauf qu'il était deux heures du matin et qu'on voulait tous aller dormir. Alors on a tenu comme on a pu. J'étais encore footballeur et me coucher tard me stressait à mort. Émilie, je la connais par cœur, ça faisait un bon moment qu'elle était en mode survie.

Il a fini par partir, le Fred. Mais il est revenu, cette fois avec plus de consignes pour moi. L'idée est que je me filme à bout de bras chaque jour au moins une minute. On verra ensuite ce que cela donnera…

Bon, je vous l'avoue, je suis un peu inquiet. Sans ce que ce soit clair pour lui, il sait ce qu'il veut. C'est en train de germer dans sa tête.

Milan Athletic Club a vécu sa vie. On a fait la quinzaine de dates réglementaires et on a disparu de l'actualité. Je me mets plus ou moins automatiquement sur la position « élaboration d'un nouveau projet ». J'essaie d'être attentif à ce que la vie propose, je fais le tri entre mes fantasmes et ce qu'il sera éventuellement possible de faire. J'en viens naturellement à en discuter avec mon producteur. Fin février, nous convenons qu'il ne se passera plus rien avec le disque, il se doute que j'ai envie d'en faire un autre. Lui m'assure qu'on a peut-être quelque chose de plus marrant à essayer, me demande de réfléchir à un autre type de projet. Bon, c'est tout réfléchi, la Coupe du monde approche, Vikash est à Paris, on se voit plus souvent, j'ai l'impression qu'il y a quelque chose à faire avec lui. Pierre est producteur, le mot « football » est lâché, je crois me souvenir que je lui ai aussi parlé d'un vague projet de fiction. Mais on y va sur le foot.

Ayant désormais un producteur associé au projet, je pouvais y réfléchir plus concrètement et imaginer un système qui fasse sens. Ma réflexion a d'abord porté sur ce qui m'est apparu comme la contrainte la plus importante : la disponibilité de Vikash. Il faut savoir que j'ai profondément aimé le footballeur qu'il a été, cette façon de remonter le ballon en équilibriste, les qualités qu'il a dû développer pour s'imposer avec un petit gabarit et le sens que pouvaient prendre ses dernières passes. Elles n'étaient jamais délivrées comme une offrande miraculeuse mais découlaient toujours de manière à la fois surprenante et logique de la façon dont il avait porté le ballon pour en arriver là, d'une géométrie personnelle. Je tenais à ce que ma proposition n'empiète d'aucune façon sur la concentration nécessaire au football pendant cette Coupe du monde. Je ne pouvais pas du tout spéculer sur son investissement dans le filmage, je me suis donc attaché à imaginer un projet qui nécessiterait une participation minimale de sa part. En revanche, je tenais absolument à la Coupe du monde comme décor, immense et exceptionnel. C'est dans cette optique que j'ai demandé à Vikash de se filmer quotidiennement au moins une minute dans sa chambre, sûr que cela donnerait un relief particulier à ce que je filmerais à côté. J'envisageais d'écrire une fiction qui se déroulerait au même moment en Allemagne, et surtout de rester ouvert à ce qui pourrait être une piste intéressante : mes logeurs, un road movie en Allemagne… Tout cela se retrouve finalement dans *Substitute*, même la fiction qui s'est écrite sous mes yeux au jour le jour.

Pour moi, le projet était expérimental et devait le rester. Je voulais être celui qui, au sein d'un événement aussi énorme et balisé, filmerait une expérience. C'est en général à cet endroit que je place mon orgueil, et c'est pour cette raison que je n'ai pas hésité à proposer à Vikash un projet aussi flou et inconsistant : « Je te donne une caméra, tu essaies de te filmer tous les jours et si tu en as envie, tu filmes ce qui te paraît intéressant, on verra bien. »

Et puis se sont produits deux événements assez importants ; un dîner chez lui peu de temps après ma proposition et un coup de téléphone inquiet.

Nous sommes quatre à ce dîner, il y a Vikash et sa femme, Pauline, ainsi que Bernard Lions, l'ami de Vikash qui est journaliste à *L'Équipe*. Entre la poire et le fromage, ce que je redoutais se produit, Vikash évoque la proposition que je lui ai faite. Je sentais qu'il s'agissait plus d'une histoire de confiance entre lui et moi que d'une inattaquable note d'intention. Un projet si peu étayé pouvait légitimement laisser croire à l'opportunisme ordinaire dont aurait pu faire preuve n'importe quel pékin qui connaîtrait un footballeur de l'équipe de France. Cela ne loupe pas, Bernard me demande ce que je veux faire exactement et met en garde Vikash sur les problèmes que ça pourrait lui poser dans sa carrière et pour sa Coupe du monde. Je suis habitué à ce type d'objections, mes projets sont souvent assez fragiles, au moins dans leur énoncé, mais cette fois, je ne suis pas le seul à devoir l'assumer. J'ai peur que Vikash se sente mal à l'aise.

Le coup de téléphone inquiet, Vikash me l'a passé quelques semaines plus tard. Nous avions commencé à filmer et le visionnage de ses premières bobines m'avait laissé présager le meilleur. Enthousiasmé, je lui donnais des conseils de filmage et l'encourageais à en faire le plus possible avant l'Allemagne. M'entendant parler de ses images et n'ayant rien vu de ce que j'avais fait, il a soudain eu peur que mon projet ne consiste finalement qu'à collecter ses images et à les monter, il s'est senti utilisé. Souhaitant dissiper ce qui pouvait être un malentendu, il m'a passé ce coup de téléphone inquiet. « Non, Vikash, je te redis fermement que je suis seul responsable, que les images que je recevrai de toi ne seront qu'un bonus dans un projet dont je suis le seul responsable.

– Bon, d'accord. »

Substitute, c'est parti !

Nous sommes le jeudi 6 avril. Fred m'a dit qu'il passera dans l'après-midi pour me donner la caméra. Il arrive vers seize heures, suivi de Pierre. Pierre Walfisz. C'est la première fois que je le vois, le Pierrot. Je l'observe un peu, je ne sais pas trop qui il est, ni pourquoi il est là.

Je vais vite comprendre. Pierre est le producteur de Fred chez Label Bleu. C'est lui le troisième homme de *Substitute*. C'est lui qui va produire le film, puisqu'il y aura finalement un film. Mais ça, on ne le sait pas encore. Pour le moment, il aime bien l'idée de tout ce truc un peu foireux. Cette fois, je ne le laisserai pas l'expliquer lui-même, car ça durerait tout un chapitre et il risquerait de gâcher le livre. Ces quelques lignes devraient suffire.

Je dois reconnaître que chaque fois qu'un débat est organisé lors d'une projection de *Substitute*, j'attends avec une impatience gourmande les questions du style : « Mais au départ, il y avait un producteur ? Vous saviez que vous faisiez un film ? Qui a financé ?... » Fred et Vikash se tournent alors vers moi en levant les yeux au ciel et me supplient : « Pas trop long cette fois-ci, Pierre... »

Je ne sais pas vraiment pourquoi j'aime tant raconter cette histoire. Un plaisir réel, total, qui se renouvelle chaque fois assez miraculeusement, comme s'il s'agissait de la première fois. La souffrance dans le regard de mes deux camarades lorsque je prends la parole y est peut-être pour quelque chose...

Mais rentrons dans le vif du sujet : le 9 janvier 2006 (je garde mes vieux agendas), j'ai rencard avec l'un des artistes de Label bleu, la maison de disques pour laquelle je travaille. À ce moment-là de ma vie, je suis producteur de disques, vous vous souvenez, ce petit objet circulaire passé du vinyle noir à l'argenté et qui a disparu quelques années plus tard. Fred Poulet est auteur-compositeur-chanteur. J'ai produit et publié son dernier album en date, *Milan Athletic Club*, dont l'enregistrement m'a servi d'initiation intensive aux méthodes de travail de Fred.

Je vous épargne l'histoire de cet album, mais disons que le hasard et les improvisations y ont tenu une place un peu inhabituelle au regard des coutumes de ce métier.

J'ai donc rendez-vous avec Fred. L'album est sorti depuis un an, et on doit parler projets. Je me pointe au *Rendez-vous des Belges*, en face de la gare du Nord, sans idée précise mais avec l'intuition qu'il faudra évoquer d'autres sujets que la musique. Fred a réalisé des clips en super-huit assez vertigineux, il écrit autre chose que des chansons et met parfois des spectacles en lumière. Par ailleurs, nous parlons souvent football, mais je suis très loin d'imaginer que ces discussions jouissives et furieusement futiles puissent avoir une quelconque influence sur nos projets communs.

Nous sommes donc attablés devant une bière fraîche, plongés dans l'une des discussions dont nous avons tant l'habitude l'un et l'autre : le chanteur a écrit de nouvelles chansons, plutôt un concept-album à la *Melody Nelson*. Il voudrait sortir un disque et faire des concerts. Le producteur est enthousiaste mais anxieux. Les « méthodes » de ces dernières années sont devenues inefficaces, il faut avoir un peu d'imagination pour provoquer du désir de musique chez un public que le disque ne fait plus rêver. Les braquets sont usés, changeons de vélo. Et un film, pourquoi pas un film ? Justement, des images, Fred en a plein la tête. Une histoire d'amour, comme dans tous les films. Dans le métro, pas tout à fait comme dans tous les films. Et puis il y a cette autre idée un peu bizarre… Un minifilm dans l'événement le plus filmé au monde : la Coupe du monde de football, cet été. Le plus beau décor hollywoodien gratos, rien que pour nous. En plus, il y a Vikash Dhorasoo, quasiment certain d'être retenu dans les vingt-trois Français qui seront du voyage. « C'est vraiment devenu un bon copain, je peux le brancher. » Sacré Fred. Il a pensé à tout. Ou presque. Un scénario ? Impossible... Les autorisations ? On va trouver les coordonnées de la FIFA… Sinon, Pierre, tu connais un producteur de cinéma qui financerait ce projet ? Bien sûr, Fred, ils vont se battre pour te donner de l'argent. J'appelle tout de suite Luc Besson. On résume : un projet de film sans histoire pré-écrite, tourné en super-huit, dans un des contextes juridiques les plus compliqués au monde, en collaboration avec un footballeur pas encore sélectionné dans les vingt-trois et par définition ingérable puisque footballeur. À qui veux-tu que je parle de ce projet ? Ce que je peux te proposer, parce que j'adore ce genre d'histoires, c'est de financer les bobines, quelques frais et une chambre chez l'habitant si tu vas en Allemagne. Au pire, on pourra toujours en tirer quelque chose pour l'un de tes prochains clips ou vendre un court-métrage expérimental à Arte. Mais ne te fais pas d'illusions, Fred...

On se quitte là-dessus et je rentre chez moi, confusément excité par cette non-perspective de film.

Le temps passe, quelques échanges de mails et une poignée de conversations plus tard, nous voilà clairement en train de monter un film avec Vikash Dhorasoo, que je n'ai jamais rencontré et sans qu'il soit vraiment au courant. Dans un autre contexte, je serais un peu nerveux, mais pas avec Fred Poulet. Ce garçon est en liaison directe avec des forces dont nous n'avons même pas idée.

Le 6 avril, je suis tranquillement en train de faire mon travail de relations publiques avec un journaliste de jazz dans un restaurant près de la Maison de la Radio lorsque mon téléphone sonne : « C'est Fred, dis donc, tu fais quoi en début d'aprem ? Non, parce que je me disais que tu pourrais m'accompagner, je vais chez Vikash pour lui expliquer où en est le projet, et puis on essaiera de le filmer aussi... » Normal.

Sur le chemin et quelques minutes avant d'entrer pour la première fois dans l'appartement d'une star du foot, je récapitule ce que je sais de Vikash. À peu près rien en fait, hormis quelques clichés : l'image d'un mec qui désarçonne et réveille les journalistes, aux origines et au physique improbables dans le monde du foot. J'aime bien ce que j'ai vu du footballeur, à Lyon ou en équipe de France. Il semble obsédé par l'idée de créer quelque chose, quitte à tout foirer. Or l'irrégularité est incompatible avec le haut niveau. Évidemment, son amitié avec Fred m'intrigue. Jusqu'où peut aller le télescopage culturel et humain ?

Ça y est, on est arrivés rue de la Pompe. Une sonnette au nom de Dhorasoo.

Je profite de cette lucarne pour dévoiler une petite histoire secrète, dont je n'ai jamais osé parler à mes deux compères : le 28 juin au matin, je rentre du match contre l'Espagne bardé de films tournés par Fred et Vikash, comme à chaque aller-retour en Allemagne (la mule, c'était moi). Arrivé à Paris, je prends le métro pour aller rejoindre Piers Faccini qui joue avec Ben Harper – c'était une semaine pas mal. Fatigue extrême ou tentative inconsciente de saboter un projet qui commençait vraiment à devenir chouette, j'oublie le sac de films dans un couloir de la gare du Nord, pour m'en apercevoir une bonne heure plus tard. Une fois de plus, les relations de Fred avec l'au-delà font leur effet, puisque ma belle-sœur retrouve le sac à un guichet de la gare du Nord, rapporté par un voyageur avant destruction de ce « bagage abandonné ».

À Belfort, à Berlin ou le jour de la sortie du film en salles, il m'est arrivé de sourire en pensant à cette petite histoire.

Toutes proportions gardées, *Substitute* me fait souvent penser à cette longue interview de John Cassavetes chez lui en train de monter *Faces* depuis deux ans. Ce genre de film donne envie de faire des films. Je suis très fier d'avoir failli faire foirer ce projet. Et je pèse mes mots.

Il était dans le coin et Fred lui a demandé de se joindre à nous pour qu'on se connaisse et surtout parce que *Substitute*, ça démarre aujourd'hui. C'est ce que j'apprends quand ils arrivent. Il avait prévu son coup, le Fred, l'effet de surprise en quelque sorte. Il est venu avec du matos et un mec que je ne connaissais pas, sans me prévenir. Le matos, c'étaient trois caméras (la plus moche pour moi, sans film dedans, et les Bauer pour eux deux, j'aurai droit à la mienne plus tard). Il est aussi venu pour filmer. On installe une caméra sur pied, celle que

Pierre va contrôler. Fred a la sienne… et moi la toute naze. C'est parti.

Je me suis donc retrouvé avec cette caméra assez étrange mais très simple à utiliser. Je ne savais pas quoi en faire, comment la manier (même si Fred m'avait expliqué) ni quoi filmer. J'ai essayé de m'amuser avec pour me familiariser. J'ai souvent oublié de changer le film et même parfois d'en mettre un. J'ai quelquefois oublié de l'éteindre et j'ai aussi passé beaucoup de temps à appeler Fred pour ceci ou pour cela.

Puis Fred est revenu pour me donner enfin une Bauer. Comme si j'étais à présent assez grand pour avoir une vraie caméra, celle des pro, avec une position jour ou nuit, un zoom…

Et là je me suis vraiment mis à filmer. Les consignes de Fred avaient changé entre-temps. « Tu saisis tout ce qui te semble intéressant. » Alors, j'ai tenté de donner un sens à ce que je mettais sur les bobines.

J'ai toujours gardé en tête la directive de départ de Fred, faire des plans de moi, fixes, pendant plusieurs minutes. Avec cette nouvelle caméra, j'ai souvent commencé mes plans de cette manière, pour ensuite filmer ce qui se passait autour de moi.

J'avais l'habitude des caméras DV. J'étais un peu gêné par cet objet en forme de flingue. Pas de son, pas moyen de voir ce qu'on filme, d'effacer, de revenir en arrière, et un bruit énorme... Je ne savais pas ce que je filmais, si la lumière était bonne, si j'étais à la bonne vitesse, si j'avais bien cadré...

Mais en même temps ce principe m'a bien plu. Les contraintes m'ont permis de vraiment m'investir. Les pellicules coûtent cher et chaque prise devenait vraiment « un acte cinématographique ». Je n'avais pas envie de gâcher le moindre film. La démarche de Fred était claire. Aucune image volée.

Au fur et à mesure, j'ai commencé à faire des plans plus longs. Le plus significatif du changement qui s'est opéré est celui du tronc à la robe rouge, au début du film. Sur cette prise, j'ai commencé à me mettre en scène, à prendre du plaisir à filmer, à me filmer. Au début ce n'était pas forcément instinctif. Il fallait déjà penser à prendre la caméra. Ensuite j'ai observé mon environnement, ma maison, ma famille, pour imaginer ce qui pouvait être sympa à filmer. C'est dans cet état d'esprit que j'ai donné la caméra à Émilie, qui m'a filmé allant faire la sieste dans notre chambre toute blanche.

Fred a dû censurer cette scène. Elle était un peu chaude c'est vrai.

La caméra est devenue mon troisième œil. J'ai pu découvrir des choses, découvrir des objets, comprendre le sens de l'organisation de mon appartement.

J'ai toujours pensé que chez moi, le foot n'était pas très présent (pas de photos d'équipe ou de moi, ni rien), et pourtant je me suis trompé. En me baladant à travers la maison caméra au poing, j'ai trouvé des ballons, des cercles, des bulles, des boules, des objets que je pouvais faire rouler ou dans lesquels je pouvais taper.

Fred n'a pas pu mettre tous les jolis moments. Bien sûr, beaucoup de rushes n'ont pas eu leur place dans le montage final. Je n'en ai jamais tourné sur le coup de boule de Zidane ou sur les parties de poker avec Barthez. Aucun intérêt.

J'avais envie d'aller un peu plus loin, car je commençais à bien m'amuser.

Tu l'as certainement senti le jour où tu es venu sur la terrasse. J'ai immédiatement enclenché la caméra et on s'est filmés mutuellement (le plan où Rose dit que son vélo est cassé). On a commencé le champ/contrechamp. On a parlé de mes plans, de technique, de ce que je filmais… C'est ce jour-là que tu m'as filé le Nagra.

À ce moment-là, je n'avais toujours pas sorti la caméra de chez moi.

La première fois, ce n'était pas vraiment dehors, mais plutôt dans ma voiture. J'avais décidé de me la jouer à la Frédéric Taddeï. J'ai pris mon Aston Martin, que j'ai vendue depuis, et j'ai fait le trajet rue de la Pompe-Camp des loges en position image par image (trajet que je faisais presque à reculons tous les matins, pas vraiment enchanté d'aller retrouver Lacombe et ses copains). J'ai testé cette technique aussi dans les couloirs d'hôtel et ça a pas mal marché.

Il y a encore d'autres scènes auxquelles j'étais attaché, comme le marché filmé par Hassan, un pote.

C'était étrange de sortir cette caméra. J'étais un peu gêné et fier en même temps. J'avais l'impression de faire autre chose. Je commençais peut-être déjà à ne plus être footballeur.

Il n'empêche qu'au même moment j'ai joué la finale de la Coupe de France. Pendant la préparation de ce grand match, je me suis fait un petit reportage à la Stéphane Meunier. J'ai tourné *Mes yeux dans le PSG*. J'ai filmé et fait parler des joueurs, alors que la super-huit n'enregistre pas de son. C'était pas super sympa de ma part, mais je me suis bien marré. D'ailleurs, eux n'ont pas toujours été très sympas avec moi.

Puis j'ai ressorti ma caméra dans le vestiaire après la victoire (oui c'est vrai, on a gagné contre Marseille, le PSG gagne parfois), filmant les caméras qui nous filmaient. J'aurai donc filmé deux fois dans un vestiaire ; une fois après une drôle de joie et une autre après une grande déception.

J'ai fait un grand match ce jour-là. J'ai marqué le deuxième but et donné la victoire à mon équipe. J'ai sauvé ma saison. Pourtant, ce qui reste comme le coup d'éclat de ma carrière n'a pas été un moment très joyeux. Surtout lorsque Guy Lacombe est venu me prendre dans ses bras pour me féliciter. « C'est énorme ce que tu viens de faire, tu as tout gagné en France. »

J'aurais voulu lui dire de ne pas me toucher.

Ce mec n'a jamais été réglo avec moi. Il n'a pas compris que j'avais le même projet que lui, c'est-à-dire faire gagner le PSG. Il a cru qu'on était des ennemis...

Le lendemain, je passais à *Téléfoot*, l'émission sur le foot la plus nulle du PAF, je ne sais pas pourquoi j'y suis allé. J'étais le héros d'un soir et le représentant du PSG en bleu. J'ai beaucoup hésité mais je me suis dit que faire cette émission, la plus populaire sur le football, regardée par des millions de personnes, pouvait me servir pour aller à la Coupe du monde dans de bonnes conditions. Erreur, grosse erreur, ça n'a servi à rien, bien au contraire.

En effet, quelques jours plus tôt, Domenech avait annoncé sa sélection. Des surprises ? Bien sûr ! Moi, Dhorasoo ! Ribéry, Chimbonda, c'est presque normal, mais moi ? Émilie a filmé tout ça. Domenech a bâclé l'annonce officielle sur TF1, préférant privilégier un partenaire téléphonique. Pour une question d'argent ?

C'est ce jour-là que les problèmes ont vraiment commencé, même si ça s'était déjà dégradé avant, au PSG. C'est officiel, je fais partie des vingt-trois qui partent à la Coupe du monde, je suis heureux. C'est normal que j'aie été sélectionné : peu de temps après, je marque un but magique en finale de Coupe de France. Dans la foulée, après une semaine de repos, c'est le départ pour Tignes.

Et soudain, le trac. Je m'en souviens parfaitement, ça me prend au ventre et je me dis merde, pourquoi tu t'es embarqué dans cette histoire, personne ne te demandait rien. Comme sur scène, le plus difficile c'est de commencer. Et commencer, cela voulait dire mettre le projet sur de bons rails. Il s'agissait de ne pas se tromper. Depuis la première proposition très floue que j'avais faite à Vikash, j'avais eu le temps de le mûrir un peu.

J'ai décidé que quoi qu'il arrive, la première phrase prononcée serait : « Ce que je vais faire, c'est que je vais te donner une caméra. » J'ai eu envie que l'évolution du rapport de Vikash à la caméra fasse partie intégrante de la narration. Il fallait prendre rendez-vous, se jeter à l'eau. Je suis allé chez lui en prenant soin de ne pas le prévenir que j'allais commencer à tourner. En discutant avec Pierre, je m'étais finalement décidé à ne pas demander d'accréditation et à ne pas réunir d'équipe de tournage. L'intuition que ce projet ne devait pas se réaliser dans les règles de l'art, que chacun de nous trois se retrouverait dans un rôle déterminé par la nécessité, que tout cela fonctionnerait comme une effraction permanente. Pierre, à qui j'avais demandé de venir ce jour-là sans lui donner plus d'indications, avait par bonheur un rendez-vous juste avant dans le quartier.

Substitute, c'est parti. J'ai installé une caméra en bout de table dans le salon, pour le premier plan du film. C'est le même cadre que choisira Émilie pour filmer le retour à la maison, le dernier plan. C'est tout à fait à l'image de ce film qui, non écrit, est en fait très narratif, sans velléité de construction et finalement très structuré.

Pendant ce premier entretien, nous parlons de foot de façon très générale. Nous nous sommes lancés dans la réalisation du projet, mais la parole est encore timorée. Je sais que quand Vikash partira pour l'Allemagne, nous ne pourrons peut-être plus nous voir, plus prendre de son direct, plus faire le champ/contrechamp, strictement déterminé par nos rencontres dans le système que j'avais adopté.

Je rentre chez moi, j'envoie les pellicules à développer et dès le lendemain, je commence à dérusher et à monter le son enregistré. Je conserverai ce système jusqu'à la fin. Donc je donne une caméra à Vikash, de quoi enregistrer du son (un Nagra) si l'envie lui en vient et quelques films.

« Une bobine, ça dure combien de temps ?

– Trois minutes.

– Il va falloir que j'en aie plein alors.

– Mais je vais t'en donner plein. »

Substitute, c'est parti. Je n'ai pas donné d'emblée un grand nombre de films à Vikash, une petite dizaine, et nos échanges de bobines à développer et bobines vierges feront aussi partie de la narration.

Deux semaines passent, je reçois les premières bobines. Vikash passe super bien à l'image. Avec ses cheveux longs et le grain du super-huit, il fait très rock star des seventies. Il se filme chez lui. Visiblement, il a de plus en plus le réflexe de prendre la caméra. Il filme une succession d'objets, au visionnage, je ne comprends pas le sens de la séquence. Quand je lui pose la question, il m'explique qu'il a filmé tous les objets ronds qui avaient un rapport avec le football, qu'il croyait que rien dans son appartement ne rappelait le foot mais qu'avec l'œil de la caméra, il s'était rendu compte du contraire. Ça y est, il voit dans la caméra. Et puis, le choc. Un plan séquence de presque trois minutes dans lequel il se filme à côté d'un mannequin sans tête revêtu de la robe rouge que portait Émilie pour son mariage. Regards caméra, beaucoup d'aplomb dans la durée. *Substitute*, c'est parti. Je suis soulagé, je ne pouvais pas être sûr qu'il aurait le sens du cadre. J'appelle « sens du cadre » cette qualité mystérieuse qui fait que sur un certain nombre de personnes filmant la même chose, le résultat sera horrible chez les uns et très beau chez d'autres.

Hors champ

Nous nous revoyons chez lui, sur la terrasse, quelques semaines plus tard. Les langues se délient et le système des deux caméras prend forme. Vikash me filme de temps en temps, les moments qu'il choisit pour enclencher la caméra pendant nos entretiens sont souvent très judicieux. On parle de son rapport avec Raymond Domenech, du Havre. C'est juste avant le stage à Tignes, notre dernière rencontre à Paris avant l'Allemagne. Nous convenons d'une date pour nous retrouver au Havre.

L'annonce de la sélection

Nous sommes le 14 mai 2006, Domenech va annoncer sa sélection. Je m'installe devant la télé, devant TF1, pas le choix, c'est eux les partenaires de la fédé. Émilie se met en face avec la super-huit, et sans qu'elle s'en doute, pour elle aussi c'est le début de l'aventure *Substitute.* La caméra passe de main en main. Personne ne s'en rend compte mais on commence à se mettre en scène, comme Domenech d'ailleurs. Il est devenu lisse (fini les poils sous les yeux) et assez fade (il ne parle plus de théâtre), je ne le reconnais pas. Mais peu importe, ce qui m'intéresse, c'est les vingt-trois. Et même si mon frère m'appelle pour me dire que j'y suis (il a maté le site de la fédé), j'attends, encore un peu stressé, et soudain je vois mon visage apparaître sur l'écran. Domenech parle peu, il est étrange, et on comprend très vite le malaise. Il est tout simplement en train de boycotter l'annonce télévisée ; il a réservé la primeur des informations à SFR. Domenech, le sélectionneur des Bleus, payé par la Fédération française de football avec une partie de l'argent du contribuable. Où est passé le type de gauche que je respecte, celui que je croyais connaître ? Il a disparu quand, un soir de France-Côte d'Ivoire à Montpellier, des types ont décidé de réapparaître, comme dans un mauvais rêve. Alors sur le moment j'ai pas trop fait gaffe.

Il m'a quand même mis sur sa liste, c'est le plus important. J'aurais pourtant dû comprendre que c'était grave. Que des mecs réapparus quelques mois plus tôt, eux qui n'avaient jamais joué dans cette équipe, partent aussi en Allemagne, était mauvais signe pour moi. On apprendra même très vite que Barthez sera le titulaire. *Out* Coupet.

Je suis heureux, plus qu'heureux. C'est moi le gamin de Caucriauville, le petit quartier chaud du Havre, qui pars pour l'Allemagne défendre les couleurs de tout un pays à la Coupe du monde. C'est incroyable.

Certains choix de Domenech étonnent les médias. Malheureusement, je fais partie des mauvaises surprises… alors que je suis un des joueurs les plus utilisés par Raymond lors des matchs de qualification !

Ribéry, Chimbonda, c'est presque normal, mais moi, non. Toute cette polémique ne m'inquiète pas plus que ça. J'ai confiance en Raymond, le Raymond de mon souvenir. Mais l'opinion sera plus forte et il va vite choisir.

Tignes

C'est le début de la préparation. Tignes, je connais, j'y suis allé six ans de suite avec Lyon. Mais cette fois c'est un peu différent. Ma famille est là, et c'est une Coupe du monde que je prépare.

Je sens déjà que mon statut a changé. J'ai un drôle de pressentiment. Je ne suis pas dans les plans de départ.

Fred pourra le dire, j'ai fait très peu d'images de ce stage. Un peu la montagne, la chambre et c'est tout je crois. Tignes ne m'inspire pas vraiment. Je ne suis pas à l'aise, Émilie non plus. Le programme pour les repas est assez souple. J'ai toujours peur de me retrouver seul ou avec la famille Domenech (un peu ma famille).

On se rend compte pendant ce stage qu'Émilie et moi on se ressemble assez. Et elle comprend mieux toutes les difficultés que j'ai rencontrées pendant ma carrière pour m'intégrer à un groupe.

J'ai vraiment envie de croire en cette Coupe du monde, alors je fais beaucoup d'efforts pour aller vers les autres. Je me dis : « Le temps va me sembler long, surtout quand elle ne sera plus là. » Et après Tignes, effectivement, elle ne sera plus là…

Ça commence à être burlesque, la parano créée de toutes pièces. L'ennemi, c'est la presse, responsable de la déroute coréenne.

Pendant la Coupe du monde en Corée, c'était un peu portes ouvertes. Pour l'Allemagne, c'est tout le contraire. Il faut que nous soyons protégés. Tout est verrouillé et pour nous approcher, il faut batailler. Évidemment, se couper du monde lorsqu'il y a internet et que chacun a son téléphone portable à la main n'est pas une mince affaire. Mais on nous fait croire que c'est notre intérêt, que les médias nous veulent du mal et notre échec… C'est vrai, ils ne sont pas toujours cool, mais je crois qu'on ne peut pas lutter contre la puissance des médias. Néanmoins, la stratégie adoptée a marché. C'est bien de pouvoir éviter la presse au nom de l'équipe de France. On énerve les médias et vu comme ils galèrent autour de notre hôtel, notre début de mondial assez médiocre doit les faire marrer.

Hors champ

Émilie rentre seule à Paris avec Rose et Sara pendant qu'on se dirige vers le Stade de France pour fêter la centième sélection de Zizou... au cours de laquelle je vais me faire copieusement siffler par quatre-vingt mille personnes.

Le Havre

Après Tignes, repos de trois jours. Je retrouve ma famille, Émilie, Rose et Sara, les potes et Fred, au bord de la mer au Havre, pour le grand départ. Fred est déjà venu filmer la ville de mon enfance, ses docks et ses quartiers. Il aime les paysages industriels et la mer mouvementée.

Moi, j'adore Le Havre et les Havrais. J'aime l'histoire de cette ville détruite pendant la guerre et reconstruite très vite pour reloger les gens. J'aime le HAC aussi. Je me sens havrais et « Hacman ». Je leur suis resté fidèle et eux aussi.

La première partie de la préparation est bouclée. Le stage de Tignes s'est bien passé, mais assez mal terminé. Demain, je pars pour Clairefontaine.

Chez mes beaux-parents, nous revenons sur ce qui s'est passé lors de notre premier match amical post-Coupe du monde.

J'avais imaginé parcourir Le Havre avec Vikash et prendre ses commentaires en direct mais ce ne fut pas possible. J'ai donc dû le faire parler du Havre lors de notre dernier entretien à Paris, pour ensuite aller filmer ce dont il m'avait parlé. Un autre système de base du film qui s'impose très tôt : les images viendront toujours se poser sur la parole. Cela aura été le courage de Vikash que de parler sincèrement et profondément du début à la fin, de prendre ce grand risque.

Je suis retourné au Havre un peu plus tard, j'y ai retrouvé Vikash mais nous n'avons encore pas parcouru la ville ensemble et nous avons parlé de tout autre chose. Cette rencontre a suivi de quelques jours le France-Mexique du Stade de France. Pour la première fois, nous sommes sortis du discours rétrospectif sur sa carrière ou du discours spéculatif sur ce que serait sa Coupe du monde pour parler au présent de ce qui commençait à être un drame. Premiers indices de la distance que peut très vite prendre Vikash par rapport aux événements. « Tous ces gens qui m'ont sifflé, c'est pour eux que je joue, c'est à eux que je ressemble ou que je ressemblais. Mais quoi qu'il arrive, je serai à la Coupe du monde et ça, personne ne pourra me l'enlever. »

Sauf que Zidane est revenu, et plus rien ne sera comme avant.

Je me souviens de cet après-midi havrais, si touchant et si amical au bar de la plage que nous n'avons pas filmé. Il y avait comme un malaise. Nous avions les caméras, nous avons beaucoup parlé avec les amis de Vikash, mais nous n'avons pas filmé. C'était déjà l'Allemagne.

France-Mexique

Installés tous les deux dans le jardin, caméra et Nagra branchés, c'est parti.

France-Mexique : 1-1. Je rentre un peu après la mi-temps sous les sifflets du public. Je remplace Zidane qui honore sa centième sélection, la dernière en France et au Stade de France.

Eh les mecs, moi aussi c'est ma dernière, un peu de respect !

Bon, résultat, j'ai perdu mes moyens et j'ai été nul. Je me demande si c'est moi qui ai été sifflé ou Domenech et son choix. Les gens s'attendaient à voir Ribéry et c'est Dhorasoo qui rentre. D'ailleurs, même ma sélection a été remise en question. On s'est étonné de voir sur la liste un des joueurs les plus utilisés pendant les éliminatoires. Mon image s'est considérablement dégradée pendant mon passage au PSG avec l'arrivée de Lacombe. Celui-ci m'a envoyé jouer en CFA au mois de mars alors que trois jours plus tard, je jouais un match international contre la Slovaquie. Je n'ai pas pu jouer le match de CFA à cause de douleurs au dos. J'avais vraiment mal. L'opinion m'a pris en grippe à ce moment-là.

Je pensais que la victoire en finale de la Coupe de France et la liste définitive pourraient faire changer beaucoup de choses. Je pensais que les Français seraient tous derrière leur équipe nationale, mais non ! Je m'étais trompé et on me faisait certainement payer quelque chose, ma différence, ma proximité avec Domenech ou je ne sais quoi.

Ce mauvais passage a confirmé que je ne représente pas le Français moyen. Je suis d'origine indienne, pas très grand, mal rasé avec des cheveux longs. Pas vraiment le mec auquel on va t'identifier. Je me suis fait fracasser sur les plateaux de télé par des mecs qui ne me connaissent pas. C'est devenu du lynchage, du délit de faciès. Larqué et Ménès s'y sont mis aussi. Mais là, je préfère en rire. Alors que le premier est devenu un spécialiste du dérapage verbal, le second sort des vannes niveau CM2. Dugarry, lui aussi, m'a allumé lors d'une émission… Ça me fait de la peine venant d'un mec qui a vécu un peu la même chose que moi en 98, et c'est étonnant qu'un mec soupçonné de dopage vienne en juger un autre[1].

Il m'avait déjà critiqué quelques années plus tôt à propos d'un penalty que j'avais obtenu contre Monaco avec Lyon. L'arbitre, M. Derrien, avait dit le lendemain de ce match, après avoir vu les images de la rencontre, qu'il avait été « abusé ».

Comme s'il y avait deux réalités. Le ralenti et la vitesse réelle. Or lui, à vitesse réelle, il avait bel et bien sifflé. Moi, je pense que le ralenti n'existe pas et ne devrait pas exister. Stop au ralenti. Basta ! Je suis évidemment contre l'utilisation de la vidéo dans le football.

À l'époque, j'avais eu un droit de réponse dans *L'Équipe*. Je pense toujours que ce papier était assez réussi. Il semble encore plus d'actualité aujourd'hui. Nous sommes le lundi 24 mars 2008 et je viens d'acheter *Libération*, comme tous les jours. À l'intérieur, je tombe sur l'article de Jacques Blociszewski, un sociologue avec qui je suis tout à fait d'accord : trop de vidéo tue le match.

Revenons à ce France-Mexique. Ribéry, auteur d'une finale de Coupe de France pitoyable, devient

1. Le 30 avril 1999, Christophe Dugarry a été contrôlé positif à la nandrolone. Un vice de forme (le médecin n'était pas assermenté) l'a définitivement blanchi.

soudain le gendre idéal, le produit TFI parfait, avec une histoire à faire pleurer les gens devant le 13 heures de Jean-Pierre Pernaut. Il est blanc, musulman, il vient de Boulogne-sur-Mer, il est incompréhensible lorsqu'il essaie de parler et surtout, il est charismatique avec sa gueule fracassée, une histoire touchante en somme... Domenech a choisi de prendre un mec qui n'a pas qualifié la France, mais réclamé par l'opinion. C'est aussi un excellent footballeur qui peut lui apporter la paix, la tranquillité, et lui permettre de gagner.

Avant que j'entre en jeu à la place de Zidane, Domenech m'a glissé un mot gentil, un mot qu'on dit à quelqu'un qu'on apprécie. Ce sera le dernier. Ce soir-là, les sifflets m'ont paralysé et j'ai tout raté. Je me suis dit que ce n'était pas grave, que c'était la dernière fois que je jouais en France avec les Bleus. Je n'en voulais pas aux gens et je ne leur en veux toujours pas. Je n'allais pas les représenter en Allemagne. Je suis un peu patriote, mais pas nationaliste. Je suis français et fier de l'être. Je me sens culturellement français, mes amis sont français, j'aime ce pays, mais quand on joue une Coupe du monde, on n'exporte pas vraiment la culture française, ou alors il faudrait un style de football à la française. Tout ce sentiment nationaliste soudain est assez suspect.

Je suis fier d'avoir joué la Coupe du monde, comme je suis fier d'avoir participé aux Jeux olympiques. Je représentais juste les meilleurs de mon sport dans mon pays, rien de plus. Reste qu'enfiler le maillot bleu, puis entendre *La Marseillaise* me procurait des frissons énormes.

Je ne me sens pas forcément proche du mec qui me siffle dans un stade, par contre, je joue pour lui et je continue à défendre mes idées et à être l'homme que je veux être, c'est-à-dire un homme de gauche, athée, laïc. Je pense que c'est très important de le préciser. J'ai évolué dans un monde que je suspecte d'être de droite. Un milieu où l'on prône le collectif. L'individualité sera mise en valeur si le collectif fonctionne. Pourtant, ce n'est que du bluff. C'est un milieu d'individualisme, d'individualistes, de carriéristes. L'esprit de groupe, ça marche tant qu'on ne touche pas à votre place sur le terrain.

Pour moi, être de gauche c'est se tourner vers les autres, être « collectif » en quelque sorte. Ça ressemble à un truc qui s'appelle la solidarité, l'entraide... Être de droite, c'est tout le contraire.

Je suis athée et ça aussi, c'est très important. Je n'ai pas reçu d'éducation religieuse et mes amis, ma famille sont tous de gauche et athées. (Sauf ma mère qui normalement devrait être hindoue, mais qui croit en Dieu et en Jésus-Christ. C'est ce qu'elle dit, mais je pense que c'est un rôle qu'elle joue et qu'elle croit à rien du tout. Parce que ma mère est capable de nous dire que c'est grâce à une de ses prières qu'on a eu notre bac ou que mon petit neveu a eu une bonne note à l'école.) C'est assez comique d'ailleurs tous ces footballeurs qui rentrent sur le terrain en faisant un signe de croix. En fait, c'est plutôt inquiétant. Moi, ça me gêne. J'ai connu pas mal de joueurs qui n'étaient jamais rentrés dans une église et qui se sont mis à croire en Dieu le jour de leur premier match en D1.

Mais ces sifflets, c'était plus grave que ça. On m'a condamné, Domenech aussi.

Il m'a lâché. Je ne m'en suis pas rendu compte sur le moment. Je partais à la Coupe du monde assez optimiste. Pourtant, ma situation avait déjà changé. Je n'étais plus le titulaire des éliminatoires qui jouait une fois à gauche, une fois à droite, ou bien devant la défense, quand ce n'était pas derrière les attaquants.

Savoir ce qui s'est passé, s'il s'est vraiment passé quelque chose, ou ne pas savoir n'est pas vital. Pourtant, il me semble important d'essayer de comprendre.

Je crois que le désir de pouvoir, l'ambition transforment les gens. Il a choisi d'aller vers la gloire et il a le droit.

Je dois reconnaître que Domenech m'a pris dans son équipe. Je ne pense pas qu'il me faisait un cadeau, il croyait juste en moi et l'a montré jusqu'au fameux France-Mexique, ou plus tard. Je ne sais pas.

Domenech a renoncé à une équipe qui lui ressemblait. La sélection, c'est une aventure humaine qui dure deux ans. Moi, à partir du retour de Zidane, je ne me reconnaissais plus dans cette équipe et encore moins à la Coupe du monde, avec Chimbonda et Ribéry venus de nulle part, je ne parle même pas du retour de Barthez. Je ne juge pas les qualités des uns et des autres, mais juste l'histoire d'un mec – Domenech – qui prend un groupe en 2004 et qui l'emmène en finale d'une Coupe du monde.

Il y a eu cette petite tournée de matchs de préparation. Je réalise maintenant que c'était une ébauche, une microscopie de ce qui allait suivre. France-Mexique, France-Danemark, France-Chine. Vikash remplace Zidane pour le premier match puis ne joue plus. Nous nous voyons depuis deux mois avec les caméras, nous parlons de Domenech, nous installons le ver dans le fruit, nous suspendons une cerise sur un gâteau à venir – un moelleux au chocolat ? Et Vikash remplace Zidane et le stade siffle et Vikash joue comme une merde et les sifflets redoublent chaque fois que la balle s'approche de lui et le stade scande le nom de Ribéry et quelque chose se glace en moi. Je n'avais pas du tout imaginé qu'une chose pareille puisse se produire. Je suis dans les tribunes, en empathie avec lui, je pense à ces moments de ma vie pendant lesquels j'ai eu conscience qu'un cauchemar était en train de se réaliser, avec l'envie de disparaître brusquement. Des souvenirs de scène. Ces instants où l'on est obligé d'accepter l'incompressible durée du cauchemar en sachant que plus rien ne sera comme avant. Peut-être aussi l'intuition qu'il faudra du temps pour admettre ce qui vient de se passer.

S'ensuivent les premières conjectures à la troisième personne ; il fait sûrement des essais, il cède à la pression… Un type de réflexion et de discours qu'aura souvent Vikash dans l'adversité. Il dit : « Pour la première fois, c'est à l'image de ma carrière, faire face et me relever. » Il ne s'en relèvera pas. Tout au moins, le footballeur ne s'en relèvera pas. Germent à ce moment-là les premières pousses de sa nouvelle liberté en même temps que se créent les premiers espaces pour la caméra. Avant cette métaphore de ce que sera sa Coupe du monde, il y a eu Tignes. Il croyait encore qu'il serait dans l'équipe, qu'il était toujours dans une certaine mesure l'homme de Domenech, et presque aucune image ne m'en est parvenue. Quelques bribes de plans assez laids de la neige boueuse de la fin du printemps en altitude, rien à en tirer. Après ces trois matchs, la caméra sort une première fois au milieu des autres à l'aéroport, au moment de s'envoler pour l'Allemagne. « En tout cas, j'y suis, et ça, personne ne pourra me l'enlever. » Des images me reviennent de ces trois matchs ; mon ami Olivier qui m'accompagne au Stade de France, interdit devant le malaise que je ressens à entendre Vikash sifflé, la saucisse-frites que Pierre et moi tenions absolument à acheter avant de rentrer dans le stade de Lens, que nous avons dégustée dans le *carré privilège* au milieu des huîtres et qui nous a fait rater le but d'Henry. C'est peut-être ça *Substitute*, un saucisse-frites dans le *carré privilège*.

Clairefontaine

Le château de Clairefontaine, je connais assez bien. J'y ai passé pas mal de temps, entre les stages de club, les espoirs, l'équipe de France olympique, mais quand on y va avec les grands, les vrais locataires du château, c'est le top. Bon, c'est vrai, il n'est pas terrible ce château, mais j'aimais bien y aller pour préparer des grands matchs.

Je me suis retrouvé avec Malouda. Il a joué avec moi à Lyon. Je le connaissais peu et après un stage complet de deux semaines, je ne le connais pas beaucoup plus.

Raconter ce rassemblement n'a pas beaucoup d'intérêt, je n'ai quasiment rien filmé. C'était un stage de plus dans ma vie de footballeur, sauf que Villepin est quand même venu nous rendre visite avant notre départ pour la guerre, enfin pour la Coupe du monde. Un Premier ministre à table juste à côté de moi, c'est marrant ! Sinon, rien d'autre à signaler.

Alors on finit la préparation et je passe à quelque chose de plus important, qui va expliquer pourquoi je suis devenu un remplaçant, un *substitute*.

Le retour de Zidane

Le grand retour de Zidane s'est passé comme ça, ou plutôt je l'ai appris comme ça.

Camp des loges. On vient juste de finir l'entraînement et le parking du pseudo-centre d'entraînement du PSG (tellement cet endroit est indigne d'un grand club) est anormalement rempli de journalistes. Comme d'habitude, personne pour nous protéger. Y a pourtant un mec chargé de ça, mais bon, il est pas là. Normal, c'est le PSG.

Pendant deux ans, j'ai été un titulaire très discuté dans les médias, mais presque indiscutable pour Domenech. Même Zidane et ses petits copains de retour ne m'ont pas mis à la porte. Ce retour du messie m'a fait tout drôle. Je me suis inquiété. Les trois revenants ont poussé trois d'entre nous vers la sortie et trois autres sur le banc.

Ce retour a entraîné un choix tactique pour notre équipe. Je me suis senti blessé, presque humilié.

Avant, nous n'étions pas qualifiés mais pas éliminés non plus. Et puis la France était contente, c'était normal. Henry dira même que « Dieu est revenu ». Alors on devait tous être contents aussi, même ceux qui n'allaient plus jouer et ceux qui n'allaient plus être convoqués. Je me souviens de Mavuba et de Squilacci heureux du retour de Thuram, de Makélélé et de Zidane, alors qu'ils ne reviendraient plus chez les Bleus.

Je n'ai pas réussi à faire semblant. Alors j'ai essayé d'esquiver.

La sélection suivante sonnait le grand retour de Zidane en bleu. L'ambiance était étrange, un peu plombée, comme si des fantômes étaient parmi nous. Jusqu'au moment où Wiltord s'est adressé à Zidane en lui disant : « Alors, t'es venu avec ta boule de cristal[1] ? » À l'occasion de ce rassemblement, j'ai discuté avec Domenech. Il a voulu me

1. À l'occasion d'un entretien accordé à *France Football*, le 3 août 2005, Zinedine Zidane avait évoqué : « Une nuit, à trois heures du matin, je me suis soudain réveillé et là, j'ai parlé avec quelqu'un. [...] C'est quelqu'un que vous ne rencontrerez probablement jamais. Moi-même, je ne m'explique pas cette rencontre. [...] Cette personne existe mais ça vient de tellement loin. Et là, durant les heures qui ont suivi, j'étais tout seul avec elle et, chez moi, j'ai pris la vraie décision de revenir. »

rassurer. Oui, je jouerais encore, et cette fois au côté de Zidane. Je devais être à gauche, et comme Vieira ne voulait pas jouer (il ne participe pas aux matchs amicaux), j'ai finalement débuté comme milieu défensif, mon poste préféré, à côté de Makelélé. Malouda, qui devait être sur le banc, a pris ma place sur le côté.

Mais quelque chose s'était cassé en moi. Le problème était plus profond. Zidane avait décidé de revenir, tant mieux. Je ne savais pas pourquoi, et d'ailleurs je m'en moque. La France entière, les médias, chacun espérait ce *come-back*, mais nous – c'est-à-dire les joueurs de l'équipe de France –, pas spécialement. Eh oui, Zidane l'a peut-être oublié au moment de prendre sa décision, mais il y avait déjà une équipe, qui existait et qui travaillait pour qualifier la France à la Coupe du monde 2006 !

Aussi, je me pose toujours cette question : comment a-t-il pu se lever un matin sans penser à nous, et décider plus ou moins de manière inconsciente de nous « marcher dessus », de nous faire disparaître ? Je pense que c'est représentatif de notre société, de son individualisme et de son égoïsme.

Domenech était en train de construire quelque chose. Il avait déjà apporté des modifications dans l'équipe et la mayonnaise commençait à prendre. Je repense souvent à ce dernier match de la saison contre la Hongrie, où l'on gagne 2-1. Ce stage fut certainement le plus sympa passé avec la sélection. Étrangement, il n'y avait aucun champion du monde.

En revenant avec ses copains, Zidane a endossé la panoplie du sauveur. Reste que malgré son retour, nous nous sommes qualifiés assez laborieusement lors des derniers matchs de poule, grâce à un but de Thierry Henry en Irlande (0-1), et surtout parce que les Suisses n'ont pas battu ces mêmes Irlandais lors de la dernière journée de qualifications (0-0).

En décidant de revenir à trois, ils ont effacé une génération qui se battait pour qualifier la France. Lorsque je pense à ce moment, je pense à tous ces joueurs qui ont salué leur retour et qui ne sont plus revenus en sélection. Aujourd'hui encore, j'ai l'impression qu'on nous a volé notre histoire.

Bien évidemment, je préfère m'être qualifié avec eux, mais notre vraie histoire, malheureusement, on ne la connaîtra jamais. C'est à partir de ce moment-là que j'ai petit à petit perdu la motivation. J'avais beaucoup donné pendant un an pour cette équipe, jusqu'à subir deux infiltrations (au péroné) deux fois avant France-Suisse. Je m'étais investi, j'avais aussi décidé de revenir jouer en France dans un grand club, un club qui m'avait toujours attiré, moi le natif du Havre. Je m'étais dit qu'être titulaire au PSG me permettrait de partir à la Coupe du monde. J'avais aussi envie de vivre dans une belle ville et préparer mon après-carrière. Tout a été remis en cause du jour au lendemain. Je me suis dit, tout ça pour rien. Je ne regrette jamais mes choix et cette fois encore, avec le recul et ce qui m'arrive aujourd'hui, je pense que j'ai fait un choix judicieux pour le reste de ma vie.

Ça ne paraît pas anormal de dire cela, simplement humain.

Je me souviens sur le moment avoir soupçonné une manœuvre commerciale d'Adidas, une grande conspiration des télés et des sponsors qui ramenaient Zidane en équipe de France. Ensuite, cette question a été très souvent soulevée pendant les débats après les projections, et en écoutant Vikash répondre, j'ai progressivement considéré la question sous un tout autre angle, en transposant le problème sur le plan simplement professionnel. Admettons que dans n'importe quel autre contexte du monde du travail quelqu'un, fût-il très compétent, démissionne de son poste. Imaginez que vous soyez son remplaçant. Vous faites de votre mieux, vous vous investissez dans votre mission et vous sentez capable de réussir. Il est difficile d'imaginer que le démissionnaire puisse quelques mois plus tard appeler son ancien employeur pour lui annoncer qu'en fait il s'emmerde et qu'il voudrait revenir.

Et que vous deviez céder votre poste en vous contentant d'un « j'avais très envie de revenir » pour toute explication.

Les lois du football ne sont pas forcément solubles dans celles du monde du travail, mais on peut considérer qu'il y a une morale et des principes de respect des autres qui semblent complètement absents de la réflexion et du discours de Zidane.

Substitute, le titre

Fred a choisi d'appeler son film *Substitute*, of course. *Substitute*, « remplaçant » en anglais... comme moi pendant la Coupe du monde. *Substitute*, c'est aussi un peu une histoire de substitution. Un joueur ou des joueurs se sont substitués à moi, la caméra s'est substituée au ballon, le plaisir de filmer s'est substitué au plaisir de jouer. Le film a remplacé le titre de vice-champion du monde et bien d'autres choses.

Ce titre était évident et évidemment Fred n'est pas passé à côté. Il a pourtant failli changer. *Substitute*, c'est aussi le titre d'une chanson des Who. L'histoire que raconte cette chanson ressemble à l'histoire du film. Un film qui n'aurait jamais dû exister, qui n'aurait jamais dû aller à son terme.

D'abord il y a eu ce projet un peu fou qui naît dans la tête de Fred. J'accepte sans savoir pourquoi.

Et là, il y a un mec, Pierre Walfisz, qui décide de financer ce truc expérimental, puis un enchaînement de miracles.

Je n'ai pas eu mon mot à dire à propos du titre. D'ailleurs, j'ai eu mon mot à dire sur peu de chose. Euh, en fait, sur rien du tout, et c'est très bien comme ça. C'était son projet et il est allé au bout. Moi, j'ai juste suivi ses consignes, j'ai fait des plans, pris du son et je lui ai tout donné régulièrement.

Bientôt, le rituel du tableau d'affichage est devenu obsessionnel. Depuis France-Mexique, on sait plus ou moins que Vikash ne commence plus les matchs, mais que chaque match est celui où il doit rentrer. Et à chaque changement de joueur, tous les remplaçants vont s'échauffer, donc on scrute le tableau. Je commence très vite à filmer systématiquement le nom de ceux qui vont rentrer sur les écrans géants et après la Corée, jamais plus celui de Dhorasoo ne s'inscrira. C'est pourtant délicieux d'écrire Dhorasoo. Mais « substitution » apparaît chaque fois et je repense à cette chanson des Who. Je la réécoute et en entendant la phrase : « *I was born with a plastic spoon in my mouth* », je me dis qu'il faudra monter des images dessus et en les montant je me dis que c'est aussi le titre. La demi-finale de Munich contre le Portugal était violente, *rock and roll.* La tension, le foot qui se joue sur ce tempo et la frustration, *the kids are all right.*

Tout cela est très beau, mais pour utiliser une chanson, il faut obtenir une autorisation et payer. Ce qui, dans le cas de *Substitute* la chanson, s'est avéré tout à fait prohibitif. De l'ordre du budget du film. J'ai fait semblant de chercher une solution de remplacement jusqu'au dernier moment, même bien après le dernier moment, et le jour où je ne pouvais plus reculer, j'ai reçu un coup de fil de Pierre : « Tu as lu tes mails ? » Non, je n'avais pas lu mes mails, il me faisait suivre un message de Pete Townsend, le guitariste des Who. *« I heard about this film through a journalist. I like the sound of it. I will approve the publishing (which I control) but I can only put reasonable pressure on the record company (as I'm sure you know), give me a contact at Polydor or give them a call. Pete*[1]. » Classe.

1. « J'ai entendu parler de ce film par un journaliste. J'aime bien comment il sonne. Je donnerai mon accord sur la publication (que je gère) mais je ne peux que mettre la pression sur la maison de disques (comme vous pouvez certainement imaginer). Donne-moi un contact à Polydor ou appelle-les de ma part. Pete. »

Hors champ

J'adore la guitare électrique et ce mec est mon héros de la guitare électrique. Alors j'ai dansé dans mon appartement comme si j'avais mis un but en finale. ça commençait à sentir bon.

Premier montage

Après la Suisse je crois, Fred m'a fait suivre un bout d'images montées sur vingt minutes. Je l'ai regardé avec Émilie sur le PC. On avait hâte de voir et de connaître la suite. Je ne savais pas qu'elle serait triste, presque tragique. Je me suis aussi dit que ça ressemblait à un film. ça m'a beaucoup motivé pour continuer.

Je ne savais pas ce que j'imprimais sur la bobine ni ce que cela donnerait une fois développé. De voir que ce n'était pas si mal et que Fred pouvait l'utiliser m'encouragea beaucoup. Oui, ce que je captais avec cette caméra avait un sens pour lui, ou bien lui pouvait donner un sens à ces images.

Avant de partir en Allemagne, Vikash m'avait laissé tout ce qu'il avait filmé pour que je fasse développer les bobines. Je suis parti avec les bobines développées et j'ai commencé à coller des images sur le son que j'avais déjà monté. Ses images, nos entretiens, Le Havre, cela donnait déjà vingt minutes de bout à bout qui précisaient le système, l'esthétique et le ton de ce que l'on était en train de faire. J'ai voulu lui en donner un exemplaire pour qu'il voie lui aussi où on allait et pour qu'il conserve sa motivation. J'avais peur que le projet devienne de plus en plus abstrait pour lui et qu'il finisse par s'y sentir étranger. Je sais qu'il l'a regardé plusieurs fois et que ça l'a conforté dans sa méthode ; commencer par se filmer à bout de bras, puis tourner la caméra vers le monde, l'intérêt des couloirs, des plans-séquences, comment nos rencontres s'inscrivaient dans la narration… Gagner la confiance de l'autre et en être digne ensuite, c'était toute l'histoire.

ÊTRE UN *SUBSTITUTE*

Dans la vie, cela s'appellerait être mis à l'écart, au placard, à la cave, et ça conduit au chômage ou à la dépression.

Dans le foot, cette mise à l'écart revient à être mis sur la touche donc être remplaçant ; *substitute* en anglais.

Ça arrive à tout le monde, même aux meilleurs, et même lorsque c'est pour faire tourner l'effectif, ça laisse une drôle d'impression. Moi, j'ai eu assez de chance pour que ça ne m'arrive pas trop souvent. Par contre, pendant la Coupe du monde, j'ai carrément ciré le banc, ce qui est très désagréable.

Lorsqu'on est remplaçant, il faut avoir la bonne réaction, la bonne attitude. Je les ai eues. Or si tu réagis mal, tu risques gros.

C'est ce que j'ai vécu tout au long de ma carrière. C'est au remplaçant qu'on reproche un mauvais comportement, comme on s'attaque au plus faible dans la cour de récréation.

Le Guen m'a écarté un lendemain de défaite à Monaco 3-0. Je n'avais pas joué et pourtant c'est moi qu'on a envoyé en week-end. Mauvais comportement, mauvais échauffement, qu'on m'a dit. Ah ouais ? Et à ceux qui ont mal joué et perdu, qu'est-ce que tu fais ? Quand tu es remplaçant, il faut être un bon remplaçant. Je ne l'ai pas souvent été. C'est quoi être un bon remplaçant ? Je n'en sais toujours rien. Être neutre au moins. Certains arrivent même à avoir le sourire alors que 99 % d'entre eux veulent que leur équipe ou au moins le joueur qui joue à leur place se plante. Et qu'est-ce qu'on dit au mec de Canal qui vient demander sur le banc :

« Alors, votre équipe joue bien, qu'est-ce que vous en pensez ?

– Oui, c'est vrai, c'est super, d'ailleurs ils jouent mieux quand je suis sur le banc, et si ça continue, je ne jouerai plus. »

Donc moi, je ne suis pas un bon remplaçant. J'ai jamais aimé être remplaçant et j'espère ne pas être le seul. Je sais qu'il en faut, que le foot ne se joue qu'à onze, mais je pense qu'un entraîneur qui ne sait pas gérer ce genre de situation n'est pas un bon entraîneur. J'ai eu pas mal de coaches dans ma carrière et ça s'est assez bien passé avec presque tous, à une ou deux exceptions près. Être un bon entraîneur, ce n'est pas dur. Avoir des résultats, beaucoup plus. Le foot reste très incertain, sauf dans le championnat de France. On se demande seulement quand Lyon sera champion. Je ne serai jamais entraîneur. Je ne veux pas me taper des petits imbéciles de mon genre. Un entraîneur doit accepter le fait qu'il a vingt-cinq joueurs, que c'est notre métier et qu'on a un ego plutôt développé. Le foot est un sport de carrière, individualiste.

J'ai croisé de bons entraîneurs en club, comme Carlo Ancelotti, Élie Baup, Denis Troch, Guy David. J'ai eu Domenech en sélection. J'aurais bien voulu le voir évoluer en club. Malgré la Coupe du monde, je pense toujours que c'est un très bon entraîneur (il a su me gérer, et c'est pas facile il paraît).

Encore une fois, je me sens à peu près normal en réagissant de la sorte. Ce comportement m'a forcément isolé dans un milieu où la langue de bois marche bien. « Je vais me battre et travailler pour regagner ma place de titulaire. » Oui, c'est ce qu'il faut dire, ou quelque chose d'approchant, quand on est malheureux de ne pas jouer, au nom du respect du groupe et du collectif, ce que je conçois. Moi aussi j'ai dû et su la manier la langue de bois. Le meilleur pour ça, c'est quand même Deschamps. Un mec que je n'aime pas vraiment, et qui ne doit pas m'apprécier non plus vu le traitement qu'il m'a réservé dans les médias lors de mon licenciement du PSG, lorsque j'ai publiquement critiqué Guy Lacombe[1].

Dans le football, il ne faut pas parler de son entraîneur, de la tactique, de son club, des supporters, de ses partenaires. Ce que vient de faire un joueur de Lille dans *L'Équipe*[2].

Je trouve presque cela normal. Alors dans ma carrière, j'ai fait attention. Pourtant, ça peut arriver de déraper. Par exemple à chaud après un match, lorsque Laurent Paganelli vous tend un micro. Alors,

1. Deschamps a déclaré sur l'antenne de RMC Infos au moment du bras de fer entre Dhorasoo et le PSG qu'« au Milan AC, il aurait pris une amende et se serait mis à genoux. Il aime plus Paris que le PSG. Je préfère l'attitude de Sabri Lamouchi qui a trouvé un arrangement à Marseille. Il est dans une situation inconfortable. Remettre l'honnêteté de l'entraîneur sur la place publique, c'est la porte ouverte à n'importe quoi ». Sauf qu'au Milan AC, pareil cas ne se serait pas produit.

2. En mars 2008, le Lillois Nicolas Fauvergue a été écarté du groupe par son entraîneur Claude Puel, et ce, pour avoir critiqué les options tactiques. Il a notamment réclamé le passage à un système à deux attaquants…

sale temps pour vous. Il va falloir s'excuser et en plus il va falloir le faire publiquement, et en plus votre entraîneur va vous écarter et en plus vous serez mal vu par les supporters, en gros, il faudra penser à l'exil. Alors, on parle de quoi ?

De rien ! Mais puisque les téléspectateurs veulent nos réactions en direct, on nous pose des questions sur le terrain.

J'ai aussi beaucoup aimé l'Italie pour ça. Là-bas, il y avait une vraie protection des joueurs. Aucun journaliste sur le terrain, aucune interview à la sortie du terrain.

J'ai aussi beaucoup aimé être remplaçant en Italie, au Milan AC. Dans ce club, il y avait un grand respect pour le joueur. Je me suis souvent retrouvé sur la touche. On ne m'a jamais forcé à me préparer ou à m'échauffer avec les autres. C'était libre et sans jugement. En France, c'est assez différent.

Pourtant, pendant la Coupe du monde, j'ai été un très bon remplaçant, alors que je vivais la plus grande déception de ma carrière. À la Coupe du monde j'ai ciré le banc. J'ai su prendre sur moi, garder le moral, le sourire, et même encourager mes coéquipiers. Mais une fois seul dans ma chambre… Que c'était dur ! J'ai pleuré le soir du match contre l'Espagne. Je me suis demandé ce que je faisais là.

Et je me suis remotivé encore une fois en me disant qu'il en restait d'autres. Mais à chaque rencontre passée, il en restait une de moins, et celle qui arrivait devenait plus dure et plus importante que celle d'avant. C'était dur de passer en zone mixte et d'affronter la presse, de sentir le regard compatissant ou indifférent des nombreux journalistes. C'était dur aussi de se réveiller le lendemain sans avoir participé. J'avais parfois le sentiment qu'ils avaient gagné mais pas moi. J'ai évité de lire la presse, de regarder la télé. Après la victoire contre l'Espagne, deux équipes se sont formées, les titulaires et les remplaçants. Une sorte de solidarité s'est installée. Inconsciemment, on s'est rapprochés. Il fallait s'entraîner, préparer ou récupérer des matchs qu'on ne jouait pas tous. Bien sûr que la situation des uns et des autres était différente. La mienne était assez proche de celle de Boumsong, Coupet ou Trezeguet. La désillusion. Et on nous demandait de tenir le coup, de montrer l'exemple pour les titulaires. Les soutenir, les encourager. Mais nous, qui nous encourageait ? Personne !

J'ai tenu comme cela jusqu'à la fin. Le 9 juillet, soir de scène finale de *Substitute*, j'ai presque retrouvé le sourire. C'était fini, je rentrais chez moi. Je n'ai pas gagné la Coupe du monde, mais j'ai ce qu'il y a sur ce film.

Être un bon remplaçant, c'est dur… Givet (un mec que j'aime bien), c'est un bon remplaçant (un peu grâce à Thuram), mais Coupet, non. Lui, à Tignes, il s'est cassé du stage. Barthez titulaire, son rêve s'envolait. Meilleur, pas meilleur que l'autre, tout ça est très subjectif. Mais son rêve s'envolait. Lui, ce qu'il voulait, j'imagine, c'est jouer, comme un gosse veut un bonbon. Je parle de Coupet comme je pourrais parler d'un autre. Ce sera Sagnol le prochain et peut-être Thuram ensuite, je verrai. Mais Coupet c'est un peu plus long, un peu plus sensible.

Remember, Coupet, c'est le mec qui m'a sauté dessus à la mi-temps d'un match de football Lyon-Arsenal en Ligue des champions, il voulait se battre avec moi, ce con. Je ne jouais pas trop mal pourtant ce soir-là. J'étais installé sur la table de massage et il m'a sauté dessus. Bon, le reste de l'anecdote est encore plus drôle mais l'important c'est plutôt pourquoi il a fait ça. On pourrait le lui demander, mais il est habile le garçon. Un peu de langue de bois et hop, le tour sera joué.

Lui, le titulaire en puissance, le gardien de but indiscutable, me reprochait à moi, l'intermittent du spectacle, un comportement étrange. Comportement qu'il ne pouvait pas comprendre puisqu'il était une sorte de gladiateur des temps modernes. Un surhomme inébranlable, devenu entre-temps un soutien sarkozyste. Non, il ne pouvait pas admettre ma position d'homme fragile, avec son ego surdimensionné. Il ne pouvait pas non plus accepter la position d'un remplaçant au sein d'un groupe, alors il m'a sauté dessus. Et comment aurait-il pu accepter ce soir-là qu'un plus petit que lui puisse lui tenir tête dans le vestiaire ?

J'aurais vraiment pu entendre sa démarche s'il était parti définitivement du stage de Tignes : il aurait gagné mon respect. Dommage ! Je le croyais fort, sûr de ses convictions, mais non. Il était juste un titulaire indiscutable. Et lorsque sa position a basculé avec le retour de Barthez, il n'a pas supporté. Il n'a pas été un bon remplaçant. Moi, je suis toujours allé sur le banc, j'ai parfois moi aussi pensé partir. Je croyais à l'injustice et à la honte d'être sur un banc. Lui qui me demandait un autre comportement, je suis sûr qu'il ne fera même pas la relation entre ces deux histoires.

J'insiste sur cet événement comme je pourrais parler des déclarations de Sagnol voulant quitter le Bayern, ou de celles de Thuram disant qu'il n'est pas venu regarder les autres jouer au Barça. Nous ne sommes pas différents, les amis, mais tous des joueurs de foot. « Joueurs » du verbe « jouer ». Jouer comme un gosse. Pas vraiment, en fait. Jouer au foot, c'est mon métier, mon gagne-pain.

Travailler, c'est être inséré, être utile. Pendant cette Coupe du monde, je me suis senti inutile. Être inutile, c'est un drôle de sentiment. On se sent largué, oublié.

J'ai aussi compris que jouer au football était un métier lorsque j'ai été licencié du PSG. Bien sûr, j'étais un chômeur privilégié, riche, sans peur du lendemain. Je me suis levé toute ma vie pour aller m'entraîner, pour aller travailler, et du jour au lendemain c'était fini.

Hameln et l'Allemagne

Toutes les villes ont leur spécialité. Celle de Hameln, c'est le Rättenfanger. Celui que suivent les rats, le fameux joueur de flûte. Voilà l'histoire. En 1284, une épidémie de peste ravage la ville, qui propose au jeune homme de dératiser contre rémunération. Il joue de la flûte et les rats, charmés, le suivent et c'est ainsi qu'il les noie dans la rivière Weser. Mais les édiles de l'époque refusent de le payer et pour se venger, le Rättenfanger charme les enfants de la ville et les emmène jusqu'à une grotte où ils périront tous. Ambiance. Pas de chance, cette légende date d'une époque où la mode vestimentaire était d'un goût très discutable. Ce qui fait qu'on voit à tous les coins de rue de jeunes adultes en collant vert et chapeau à plume guider des touristes. À tous les coins de rue très propres. Une propreté qui prenait même des proportions très inquiétantes dans le quartier pavillonnaire où habitaient mes logeurs.

C'est l'angoisse qu'ont provoquée chez moi les caniveaux rutilants qui m'a amené à tourner cette scène dans laquelle je jette mon mégot à travers la grille de l'égout. Si je le laissais dans le caniveau, j'avais l'impression qu'il clignotait en me désignant comme le coupable de cette souillure. L'intérieur de la maison était bien évidemment aussi propre et ordonné. C'était d'autant plus incongru d'entendre M. et Mme Wiesner hurler littéralement pour s'échanger les propos les plus banals. Je me suis rendu compte par la suite, en accompagnant le film en Allemagne, que j'avais filmé un archétype du sexagénaire allemand en zone résidentielle.

J'ai beaucoup aimé être en Allemagne, retrouver une langue que j'avais laborieusement tenté d'apprendre au lycée. Traverser le pays sur des autoroutes, la culture de la voiture, les villes où les concepts architecturaux d'après guerre sont encore très présents, la petite guérite de douane abandonnée dans une friche qui fut la frontière entre l'Est et l'Ouest, tout cela me replongeait dans la modernité telle qu'on la concevait pendant mon enfance. À l'époque où l'on dessinait des soucoupes volantes entre les buildings pour illustrer ce que serait la circulation dans une ville en l'an 2000. Et là, j'étais en l'an 2006 pour un moment important de ma vie d'adulte, à réaliser que ma modernité était déjà obsolète et que ce que je croyais un inatteignable futur était déjà devenu mon présent.

Toujours est-il que l'efficacité des services et des infrastructures alliés à l'absence de sensualité dans les rapports sociaux a été un contexte très favorable à la concentration dont j'avais besoin pour travailler.

Je repense souvent au vigile du stade d'Aertzen. Je ne sais pas pour quelle raison, les entraînements avaient parfois lieu dans ce petit village près du château plutôt qu'à Hameln. Pour un huis clos, l'enceinte grillagée du petit stade était elle-même entourée d'une palissade provisoire et des vigiles circulaient entre les deux. Je me suis rendu avec mon matériel sur une petite butte qui surplombait le terrain. J'ai zoomé et j'ai commencé à filmer à travers un trou du feuillage. Le vigile qui se trouvait en face de moi avec son berger… allemand s'est approché pour m'expliquer que c'était précisément pour éviter ce genre de choses qu'il était là. Le type était grand et chauve, les grillages, le chien, tous les préjugés que j'avais développés à propos de ce pays m'ont assailli. Je lui ai alors demandé s'il était possible de le filmer lui. Il a accepté très gentiment et dans mon viseur, j'ai vu toute sa féminité, la vulnérabilité de son regard et la douceur qu'il dégageait. Il a regardé la caméra sans ciller. Ensuite il s'est suffisamment éloigné pour ne pas être obligé de voir que je filmais.

Et puis l'énigme absolue de la *bratwurst.* Pour moi, le concept du sandwich, c'est qu'on met entre deux morceaux de pain une nourriture quelconque mais de même dimension. Or, la *bratwurst* a ceci de surprenant qu'elle dépasse des deux côtés du pain. Ce qui oblige à manger d'abord de la saucisse sans pain. Pourquoi ? Est-ce parce que les Allemands aiment la saucisse à ce point que le pain n'est considéré que comme un support pratique ? Est-ce parce que les fabricants de *brötschen* et les fabricants de saucisses n'ont jamais réussi à s'accorder sur les dimensions ? J'ai fini par renoncer à élucider cette énigme et je me suis contenté de commander un petit pain supplémentaire.

D'une manière générale, quiconque s'est attardé à boire une bière en fin d'après-midi dans un *Biergarten* comprend ce qui a pu pousser Hermann Hesse à écrire *Le Loup des steppes.*

C'est quoi une Coupe du monde ?

Une Coupe du monde, c'est long. Ma dernière grande compétition datait des Jeux olympiques, dix ans plus tôt, avec un certain Raymond Domenech. Je suis à l'aise pendant ce genre de rendez-vous à rallonge. Autant la préparation avec les épisodes de Tignes et de Clairefontaine m'avait un peu stressé, autant rester longtemps dans ce château à l'approche des grands matchs me ravissait.

Une journée sans match, c'est long, et il faut la remplir lorsque l'entraînement quotidien se situe vers dix-huit heures.

J'avais emporté pas mal de choses, des livres, des DVD, mon ordinateur. J'ai passé beaucoup de temps au téléphone, surtout avec Émilie. Je me suis passionné pour le sudoku et les échecs, sans vraiment progresser. J'ai regretté de ne pas avoir pris ma guitare. Je me suis rarement ennuyé, même si j'ai aussi pas mal glandé. J'ai fini à l'envers, comme beaucoup de mes coéquipiers, vivant la nuit et dormant le jour.

La fédération avait assez bien fait les choses en prévoyant une salle de vie très complète. Il y avait des DVD à disposition, une bibliothèque (les livres avaient été choisis par Bernard Pivot, je crois). On pouvait aussi y trouver un flipper ou une table de ping-pong et la fameuse Play Station indispensable au footballeur.

C'est vrai, pendant cette Coupe du monde, comme souvent quand je préparais un match, j'ai aimé passer du temps dans ma chambre.

J'allais de temps en temps voir Govou dans la chambre d'à côté.

Et puis nous avons commencé à gagner et plein de choses se sont mises en place. Les parties de poker lancées à Clairefontaine ont repris. Bien entendu, c'est moi qui gagnais, mais ça faut pas le dire. Nous étions assez nombreux à jouer, jusqu'à neuf ou dix.

On avait trouvé un petit resto sur la colline en face de l'hôtel. Le lendemain de nos victoires, on s'y retrouvait tous sans exception, pour une *barbecue party* très réussie. On partait par petits groupes depuis le garage de l'hôtel dans des voitures aux vitres teintées pour éviter l'ennemi : la presse.

Chacun comme toujours a pris une place et l'a gardée jusqu'au dernier soir. Je me suis bien amusé. C'était important de changer de lieu et d'ambiance dans ce contexte.

C'était une vraie respiration. Le moyen pour moi, malgré ma position de remplaçant, de rester dans l'équipe. On buvait quelques bières allemandes pour accompagner les merguez et Ribéry faisait le spectacle, genre sel dans ton verre de vin ou cendrier dans la poche de ton survêtement... Il m'a bien fait marrer.

Mais une Coupe du monde, c'est surtout des matchs, et moi je n'en ai joué que deux, contre la Suisse et la Corée. Seize petites minutes et rien d'autre. Grosse désillusion.

Pourtant, après la Corée et le match moyen de l'équipe, j'y croyais. Je pensais que Domenech changerait un peu les hommes, mais c'est dur de sortir Vieira et/ou Ribéry. La veille du match contre le Togo, j'ai ressenti une douleur à l'adducteur pas bien méchante, mais j'étais tout de même un peu inquiet. Domenech le savait.

Zéro-zéro à la mi-temps ; si ça dure, nous sommes éliminés. Domenech me demande d'aller m'échauffer, il me demande si ça va, je lui dis que je vais voir. Je rentre au vestiaire pour me changer et là il me dit d'attendre et de continuer à m'échauffer. Trois autres joueurs sont rentrés mais pas moi. J'ai laissé passer ma chance. Le lendemain, on se croise et le type me dit qu'il ne pouvait pas me faire rentrer, il ne pouvait pas prendre de risque. Eh ! Duchnoc, quand tu m'as fait jouer infiltré deux fois contre la Suisse en match de qualification alors que je pouvais à peine marcher, tu pouvais prendre des risques. Normal, à l'époque, Zidane et ses potes n'étaient pas encore revenus, et des solutions, t'en avais pas des masses. Ce soir-là, j'ai compris que ma Coupe du monde était presque finie. En même temps, je me disais qu'on était qualifiés et que je n'avais plus mal.

C'est devenu plus chiant à partir de ce moment-là. Je préparais des matchs que je ne jouais pas et je récupérais de matchs que je n'avais pas joués.

Nous les remplaçants, au milieu de cette équipe qui filait vers Berlin et la finale de la Coupe du monde, étions devenus invisibles. Le seul moment qui nous appartenait restait le lendemain des matchs. On se retrouvait entre remplaçants pour un petit jeu et juste pour ce moment-là, nous étions un peu les stars. On a pris du plaisir. Domenech a bien su gérer notre situation et jamais aucun d'entre nous n'a craqué. Il est malin, le gars. Il est même parvenu à nous faire croire que la réussite du groupe dépendait de notre comportement, de notre capacité à tenir le coup. On a tenu. On a tenu aussi lorsque quelques joueurs ont décidé de nous gâcher le seul entraînement sympa des remplaçants en voulant y participer. Je me souviens de Wiltord leur disant de dégager avec cette insolence qui le caractérise.

C'est dur d'être *substitute*, invisible pendant les matchs, les entraînements, de passer en zone mixte sans qu'aucun journaliste ne vous arrête sinon pour compatir.

C'était parfois un peu long d'attendre toute une journée juste pour faire le *sparring-partner*. C'était long les jours de match, du réveil jusqu'au moment de la causerie, le fameux moment où l'entraîneur vous annonce la composition de l'équipe. Instant étrange durant lequel l'espoir est toujours là. L'espoir de voir ton nom sur le tableau noir à la place d'un autre. Même quand tu sais que c'est joué d'avance, tu y crois secrètement. Ça me rassurait d'y croire un peu. Je me sentais vivant, d'une certaine façon.

Il y a eu un moment fort après le Brésil. Un instant de réelle communion où toute l'équipe a partagé cette grande victoire. Ça restera un beau souvenir pour moi. Sincèrement, j'ai cru revivre mes premières victoires avec Le Havre en première division. Nous étions les outsiders face au Brésil, et nous les éliminons. C'est un peu comme si nous, les petits Havrais, nous avions battu le PSG. Quelle fête dans le vestiaire, on avait mis la musique à fond, c'était vraiment un moment à part. Mais trop rare. Car ensuite dans ma chambre, je me suis senti un peu moins bien, trop inutile.

Les jours se suivaient et se ressemblaient, et nos journées étaient presque toutes identiques, comme l'indique le *paperboard* installé à l'entrée de notre résidence.

8 h 30 *Petit déjeuner staff*
9 h 00 *Petit déjeuner obligatoire*
10 h 30 *Vidéo*
11 h 30 *Promenade*
13 h 00 *Déjeuner*
(Soins)
17 h 00 *Départ Manu pour le stade*
(Manu est l'intendant des Bleus)
(Soins)
17 h 30 *Collation*
18 h 00 *Causerie*
19 h 00 *Départ pour le stade*

21 h 00 Match
22 h 45 Obligations presse
Retour au château

J'étais dans les stades pour tous les matchs de la France. C'était inoubliable. Je me souviens de tous. Stuttgart pour le premier match, et sa piste d'athlétisme, ses gradins en pente douce ; nous ne sommes pas encore dans le vif du sujet, les équipes sont loin.

Leipzig et son esthétique postcommuniste. Il m'en restait le souvenir des matchs de coupe d'Europe des années 70-80. Un stade aux trois quarts vide, un public de militaires, des soirées boueuses et des joueurs du Dinamo qui arboraient des coupes de cheveux qu'on ne souhaiterait pas à son pire ennemi.

À Cologne, contre le Togo, j'ai ressenti de la fraternité autour et dans le stade comme je n'en avais jamais connu pour un match de foot. Du match contre l'Espagne me reste la violence des sentiments contraires entre l'équipe de France qui commence enfin à jouer, le milieu de terrain qui bouffe les Espagnols et la perspective d'un quart de finale contre le Brésil. J'étais alors dans un état de totale exaltation.

Mais je me trouvais au milieu de la famille Dhorasoo, qui s'effondrait un peu plus à chaque changement de joueur pour finir anéantie en comprenant que Vikash ne jouerait pas. Je me sentais en même temps solidaire de leur chagrin et profondément heureux de voir que l'histoire allait continuer encore un peu, voire plus.

Francfort et cette affiche mythique, France-Brésil en quart de finale de la Coupe du monde, mon aversion pour la course à pied qui nous a fait louper le premier but, le bonheur que nous avons partagé, Pierre et moi, après le match. Un bonheur tout sauf exubérant, que nous avons simplement souligné d'un whisky de qualité avec un cigare dans un *Biergarten*, étourdis par ce qui était en train de se passer.

La demi-finale de Munich, cette ville si inhospitalière où tout est fermé après vingt-deux heures. Le coucher de soleil extravagant qui a accompagné notre arrivée au stade, sublimant le décor périurbain et ce stade si particulier. Et puis la finale, une pensée pour Jesse Owens en traversant l'esplanade, envie de danser et la sensation d'être là où ça se passe. Un des rares matchs auxquels je suis arrivé en avance. Et là, je suis debout dans les tribunes avec tous ces gens et l'émotion me serre la gorge. Je me dis merde, l'équipe de France va jouer une finale de Coupe du monde devant moi, je la vis un peu de l'intérieur par l'intermédiaire de Vikash et je vais encore filmer dans un stade, pour la dernière fois. Dix minutes avant le coup d'envoi, je suis au bord des larmes, je n'ose plus regarder Pierre et je colle souvent mon œil humide au viseur de la caméra pour me donner une contenance.

Le rêve volé

À la Coupe du monde, je voulais jouer, dribbler, faire une passe décisive. Je voulais participer, apporter quelque chose à cette équipe. Je suis passé à côté de ce rêve. Jeune, j'avais juste rêvé de fouler la pelouse du stade Jules-Deschaseaux avec le HAC. Je crois que je n'en demandais pas plus. Ce rêve s'est réalisé et puis au fur et à mesure tu en demandes plus. Et autour de toi, on te fait croire que tu peux aller très loin. Les médias en rajoutent. Au moindre exploit, on te parle de grands clubs et de l'équipe de France qui se rapproche.

« Alors, Vikash, vous y pensez à l'équipe de France ?

– Hé, je suis pas sélectionneur, bouffon, c'est lui qui doit penser à moi. »

Ça, c'est ce que j'ai toujours eu envie de répondre, sans jamais le faire. J'ai donc dit, comme tous les autres footballeurs :

« Oui, il faut que je travaille, et si je bosse bien je serai récompensé », et bla bla bla…

Pourtant, c'est quand même la réalité. L'équipe de France n'appartient à personne, d'une certaine manière, elle appartient un peu à tout le monde et surtout au sélectionneur (quand c'est vraiment lui qui fait la sélection). Il y a des joueurs qui sont indiscutables et donc pas discutés. Il y a les autres, comme moi. On dépend du choix du sélectionneur. On est nombreux dans cette situation. Il y a aussi ceux qui s'autosélectionnent. Il y a ceux qui mettent un terme à leur carrière internationale comme s'ils pouvaient être sélectionnés à vie, alors ils préfèrent arrêter. Quelle classe ! Et il y a surtout ceux qui décident de revenir de leur retraite internationale. Et là, c'est encore plus la classe. Eux sont au top. En fait c'est cool, un jour j'en ai marre et je convoque la presse : « Oui, c'est avec tristesse que j'annonce la fin de ma carrière internationale. L'équipe de France m'a beaucoup donné. » Et un autre jour : « J'annonce mon retour en équipe de France, l'équipe de France m'a beaucoup manqué. » Dans les deux cas, je me serais bien amusé si j'avais été sélectionneur. Domenech l'a fait en sélectionnant Makélélé, jeune retraité, mais à sa place je n'aurais pas pris Thuram ni Zidane lors de leur retour. Ça aurait été rigolo, non ?

À la fin de la Coupe du monde, je savais que pour moi l'équipe de France, c'était fini. Je n'avais plus envie d'y aller et eux n'avaient certainement plus très envie que je vienne. Il fallait faire une belle sortie. Je me suis pas mal débrouillé. J'ai profité d'un passage au Havre et au HAC pour m'amuser. Eh oui, c'est en Normandie, sur mes terres, que j'ai annoncé à France Bleu Haute-Normandie que mon thème astral n'allait plus avec celui de la France. Joli petit clin d'œil[1]. Internet a fait le reste du boulot. Je RI-GO-LE ! Comme quoi, pas besoin de convoquer une conférence de presse, il suffit juste de dire une grosse connerie pour éviter l'indifférence. Vous m'auriez vu dire : « Oui, j'ai décidé après cette super Coupe du monde où j'ai été invisible, et où j'ai fait un film, de mettre un terme à ma fantastique carrière chez les Bleus. » Tout le monde aurait ri. Alors je m'en suis tiré autrement, et je suis assez content de moi.

Bon, ça n'a pas plu à Raymond et ça peut se comprendre, mais il faut avoir le sens de l'humour

1. Raymond Domenech revendique une passion pour la numérologie.

dans la vie. Et je croyais qu'il l'avait. Parce que lui, il devait bien rigoler lorsqu'il m'envoyait cirer le banc. Dommage, je croyais qu'on pouvait rire de tout. Je crois surtout, comme disait Desproges, qu'on ne peut pas rire avec tout le monde.

Jour de finale

Dans la première scène du film, Fred me donne une caméra super-huit. « C'est quand la finale de la Coupe du monde, le 9 juillet ? Tu filmes jusqu'à la finale. » Le dispositif était celui-là. Filmer jusqu'au 9 juillet quoi qu'il arrive. Par bonheur pour le film et pour moi, la France s'est qualifiée pour cette finale, enfin nous nous sommes qualifiés pour la finale de la Coupe du monde.

La veille du match, j'ai eu longuement un ami au téléphone. Je me suis levé le matin du match en pleine forme et de très bonne humeur. J'avais envie d'y être, d'aller lever cette Coupe du monde qui faisait rêver tous les footballeurs de la planète. Je me suis dit aussi que, comme d'habitude, il allait se passer quelque chose et que j'allais être le héros de cette finale. Mais dans le même temps je savais que je me faisais un film et que mon histoire était déjà écrite. C'était bel et bien fini pour moi. Je ne jouerais pas, ainsi en avait décidé Domenech. Mais bon, quand on se réveille un matin de Coupe du monde et que pour cette fois c'est vous qui allez vous rendre dans un des vestiaires de cette finale, naïvement vous y croyez.

Arrivé au stade, j'ai attendu que tout le monde sorte du bus et j'ai sorti ma caméra pour filmer jusqu'au vestiaire. J'avais une Coupe du monde et un film à finir.

J'ai croisé la Coupe et je me suis dit que tout à l'heure, je viendrais la soulever.

Comme d'habitude, je me suis assis sur le banc et comme d'habitude Boumsong s'est assis à côté de moi. Comme d'habitude, on a regardé cette première mi-temps comme de bons remplaçants, presque des supporters. Materazzi a répondu à la *panenka* de Zidane. Un-un à la mi-temps. Dans ces cas-là, je me demande toujours quel doit être le score idéal pour que j'aie une chance de rentrer.

Pierre Mankowski, l'adjoint de Domenech, m'a demandé de m'échauffer avec les autres. Drôle de moment que cet échauffement. On regarde le match et on regarde Domenech avec un secret espoir.

J'ai passé mon temps à l'observer, encore plus quand Vieira s'est blessé. Mais il a appelé Diarra. J'y ai vraiment cru quand Zidane s'est blessé, mais il s'est relevé. Alors quand le troisième changement a eu lieu, j'ai lâché. Ma Coupe du monde était terminée. Pendant les tirs au but, je me sentais ailleurs, chez moi à Paris avec Émilie, par exemple, mais plus du tout au stade olympique de Berlin.

Je me disais : « Comment je fais si on gagne ce match ? Je suis champion du monde, c'est extraordinaire, mais comment je fais pour être content ? Parce que je serai content. » Il va falloir courir partout, peut-être aussi pleurer, communier. Et si on perdait, ce serait peut-être plus simple, non ?

On a perdu.

Nous sommes allés récupérer notre médaille sans notre capitaine, étrangement absent.

Il y avait une photo à prendre pour les perdants. Domenech nous a dit de la faire et de rentrer. Lui est resté. Je suis resté aussi, longtemps, sur le stade avec quelques autres de l'équipe à observer ce qui se passait. Et aussi pour attendre que l'Italie reçoive la Coupe du monde. C'était beau et triste.

Je voulais profiter jusqu'au bout de ce dernier moment comme joueur de l'équipe de France. Je suis rentré dans le vestiaire silencieux, Chirac était là pour nous consoler. Rien d'autre de mieux à faire, le type ? J'ai pris ma douche, j'ai mis mon costume.

Zidane, lui, était déjà prêt. Il a parlé, Domenech lui a coupé la parole pour le remercier, timidement. Il me semble que les autres joueurs ont applaudi. Pas moi.

J'ai sorti ma caméra et au culot j'ai filmé. Vieira s'est fâché en me voyant faire, et moi tout autant de sa réflexion sur le moment. Je suis sorti et j'ai fait le plan inverse de l'aller, du vestiaire jusqu'au bus. J'ai croisé des Italiens et j'ai continué. J'ai éteint la caméra et je suis allé au bord du terrain. *Substitute* était terminé.

Le stade olympique se vidait et sur *My Way* en fond sonore, les larmes aux yeux, je me suis senti soulagé. C'était presque fini.

Pierre est venu me rejoindre à Hameln et nous avons pris la route pour Berlin la veille du match. Pierre a passé une partie de son enfance dans cette ville et sur l'autoroute qui traverse la moitié de l'ex-Allemagne de l'Est, il me racontait ses souvenirs. À l'époque, on n'avait pas le droit de s'y arrêter et les contrôles à la douane étaient interminables et tatillons. Une tribune défraîchie borde l'autoroute sur une centaine de mètres. On arrive à Berlin et soudain le ciel se charge, un orage éclate pendant que l'horizon encore dégagé envoie une lumière apocalyptique à travers le rideau de pluie. Je sais gré au hasard d'avoir soigné la scénographie de notre arrivée. Nous sommes passés rendre une petite visite à Vikash à son hôtel. L'accès en était strictement interdit, il est donc venu nous rejoindre avec Émilie sur le trottoir. Nous ne nous sommes pas dit grand-chose, on était juste contents de se serrer la main, mais nos esprits étaient tendus vers le match du lendemain. Nous sentions que jusqu'au début de la finale, nous passerions notre temps à tromper l'impatience. J'ai repensé au coup de fil de Christine Thomas, journaliste à *L'Équipe*, après le match contre le Brésil, elle me disait : « Dis donc, c'est bien pour ton film. » Ça commençait à devenir un film et on était proches du dénouement. J'ai un souvenir très irréel du match lui-même. Très vite le penalty, je crie de joie l'œil collé au viseur, je pose la caméra et je crie encore. Et puis très vite la tête de Materazzi, ensuite une grande tension, l'œil toujours sur l'œilleton et ce moment de flottement complètement improbable quand Zidane est expulsé. Quatre-vingt mille personnes qui ne comprennent pas ce qui se passe et la rumeur qui naît du ralenti sur l'écran géant et qui enfle.

Cette image inoubliable de Vikash longtemps debout au bord du terrain pendant la remise de la coupe, seul, et Domenech seul aussi, à vingt mètres de lui.

La partie allemande de notre film était terminée, nous nous sommes retrouvés dans le hall de l'hôtel et j'ai dégusté un excellent bloody mary aux frais de la FFF. Peu de joueurs étaient là ; Zidane était dans ses appartements, Trezeguet dans un salon tout près avec Maradona, Sagnol n'a fait que passer, bougon, avec sa famille, Wiltord et Govou étaient au bar je crois. Mais nous étions tristes. Vikash et Émilie parce qu'ils avaient vécu une drôle de Coupe du monde, Pierre et moi parce que notre film était presque fini, et les autres parce qu'ils avaient perdu la finale. Mais quand même, quelle histoire !

UN FILM DE CINÉMA

Dhorasoo a fait un film

C'est Laurent Perrin, un journaliste du *Parisien*, qui a sorti le scoop. C'est un mec avec qui je me suis super bien entendu pendant mon passage au PSG et avec qui je m'entends toujours très bien. Il me voyait sur la fin de la Coupe du monde passer en zone mixte avec ma super-huit. ça l'intriguait et il m'a beaucoup questionné. Il a suivi, à partir de ce moment, l'histoire de *Substitute,* et dès qu'il a pu, il a fait un papier dans son journal.

L'effet d'une bombe, cet article. On touchait à l'équipe de France. Qu'est-ce que j'avais fait ? Tout le monde savait que je traînais avec une caméra en Allemagne et que je faisais quelque chose avec, mais certainement pas un film de vacances, comme a pu le dire Escalettes.

Il y a des choses très intéressantes à expliquer ou à analyser à travers les réactions des uns et des autres. Il y a d'abord eu celles de l'équipe de

France, de Raymond Domenech : « Je ne donnerai pas l'autorisation pour apparaître dans ce film. » Dommage, tu n'y es pas, mec. Puis celle de Vieira : « De toute façon, on le connaît, Vikash... » Non, mec, tu ne me connais pas, mais moi peut-être que je sais qui tu es, en tout cas j'en ai une idée. Et Escalettes : « Si le film parle de lui, ce doit être assez ennuyeux. » Je ne savais pas que le président de la Fédération française de football était aussi critique de cinéma, et surtout capable de parler d'un film qu'il n'avait pas vu. Trop fort, le type. Trop marrant surtout. Domenech a aussi dit que j'avais changé de métier. Mais lui aussi, il a changé de métier, non ? Il travaille pour TF1 je crois maintenant, ou SFR, ou quelque chose du genre ! Il a aussi dit qu'il agirait de la même manière avec son fils. Pour un psy, ce serait très intéressant à analyser.

Et le clou fut quand même « Stachmou[1] », qui a dit me soutenir juste parce que je suis un joueur du PSG. Quelle hypocrisie !

Tout ce tapage médiatique n'a fait que servir ou desservir le film. On s'est retrouvés, Fred, Pierre et moi, à débuter la promotion d'un film qui

1. C'est le surnom donné à Guy Lacombe.

n'existait pas encore. Bon, j'avoue que la galère commençait aussi pour moi. Mais qu'avais-je fait ?

Un truc seul dans mon coin mais qui échappait complètement au contrôle du monde du football, qui a vocation à tout négocier, à tout vendre. Le monde du fric. Parce que finalement, c'était quoi le vrai problème de ce film ? Peut-être le pognon. Dans ce genre de situation, tout le monde veut sa part du gâteau. Sauf que sur ce coup, le gâteau, il est tout petit petit, et y a rien à partager.

Rien pour vous, Raymond Domenech, rien pour vous, Willy Sagnol, rien pour vous, la fédé. Et tout pour nous, Fred, Pierre et moi. Bon, on ne va pas devenir riches avec *Substitute*, mais c'est cool, on maîtrise tout. Aucune autorisation à demander, aucun droit à obtenir, tout est pour nous.

Avec Pierre, on est allés à la Fédération française de football expliquer tout ça et d'un seul coup, plus rien, plus aucune polémique. On nous a laissés tranquilles faire notre truc. Pas de pognon à se faire, donc aucun intérêt. On leur a proposé de venir voir le film, mais le cinéma, ça les branche pas trop. Même Escalettes, le grand critique de cinoche, n'est pas venu.

Je me demande encore quel effet a véritablement eu cet article, s'il a servi le film ou non. On aurait pu croire que oui. Que c'était un peu la promotion rêvée, mais avec le recul je pense le contraire, Fred encore plus.

Les attaques ultra-violentes nous ont forcés à venir nous justifier. Je suis passé pour un traître, un opportuniste au sein d'un groupe qui avait soi-disant décidé de contrôler sa communication.

Je me suis baladé pendant la Coupe du monde avec une caméra super-huit dans les couloirs des hôtels. Des joueurs sont entrés dans ma chambre et pas une fois un mec m'a demandé : « C'est quoi cette caméra, tu fais quoi avec, c'est pour quoi ? » Aucune curiosité.

C'est comique. Et en même temps très inquiétant. Ce qui se passe dans le football ressemble à ce qui pourrait se passer, euh… voyons, dans l'armée. Oui, dans l'armée, il y a un secret défense. Il en va de la sécurité d'un pays.

Et nous, pendant cette Coupe du monde ? On s'est retrouvés au fin fond de l'Allemagne, protégés par le GIGN, reçus à notre retour par le président de la République. Parce que ce dont je parle, ce n'est quand même que de football, les amis. Oui, que de football, un sport populaire, un sport des quartiers, des banlieues. Je suis footballeur, rien que footballeur. Pendant la Coupe du monde, je me suis rendu compte de l'absurdité de la situation.

Dans le foot, c'est le business qu'il faut à tout prix protéger. Il y a tellement d'enjeux financiers que le moindre petit truc, la moindre personne, la moindre déclaration qui pourraient mettre ce système en danger sont très mal venus.

Aulas veut un championnat européen, les Anglais veulent une journée de championnat de plus jouée à l'étranger. Canal Plus a acheté les droits du foot, donc il faut désormais être abonné à Canal Plus pour voir du football. Tiens, Canal Plus. Les gens de Canal se sont jetés sur le film. Ils nous ont très vite contactés. Quoi ? Un film sur la Coupe du monde et on n'est pas au courant ? Il y a peut-être un « coup à faire » ! Quand Fred a eu fini de monter une première version du film, on est allés les voir. Nous, on savait que ce film ne leur était pas destiné. C'était un document inédit qui avait plus sa place sur Arte par exemple. On a été reçus par la branche sport et assez vite on a pu lire la déception sur leurs visages. Nous étions un peu tendus mais pas vraiment surpris de l'issue de cette journée. Un des responsables nous a dit assez fièrement : « C'est un beau film, ça m'a beaucoup plu, mais ça ne marchera pas pour le grand public. »

Traduction : « Moi, je suis un mec sensible, intelligent, donc réceptif à ce genre de cinéma, mais pas le Français moyen qui ne réfléchit pas, ne pense pas. » Non, on ne veut pas de *Substitute* parce que ce film est très éloigné de l'image que l'on veut donner du foot, cette image sur laquelle Canal investit lourdement depuis des années. Canal, c'est d'abord le sport-spectacle, à base de ralentis sous tous les angles, de héros « *bankables* », le tout intégré dans des bandes-annonces qui rappellent le dernier Rocky. Alors forcément, un film en super-huit détaillant le point de vue d'un remplaçant... On est loin du compte ! Dommage, y avait un vrai truc à faire avec *Substitute* sur Canal. Mais *Substitute* n'est pas *Les Yeux dans les Bleus.*

On est en juillet. La page de la Coupe du monde est tournée, je suis en Italie avec ma fille. On décide d'aller se promener à Venise. On passe le Rialto et le téléphone commence à sonner. Il se trouve qu'à Paris, Vikash a accordé un entretien à un journaliste du *Parisien* et qu'il est sorti le lendemain sur une double page barrée d'un gros titre : « L'incroyable film de Vikash Dhorasoo. » Les autres médias veulent en savoir plus, l'équipe de France réagit, les joueurs crient à la trahison, on menace d'interdire, si bien que je me retrouve en train d'intervenir au téléphone dans les infos de treize heures en regardant passer les gondoles. Tout à fait surréaliste. Un décalage énorme entre ce que nous avons filmé, les propos auxquels nous devons répondre et la Venise éternelle. À ce moment-là, nous ne savons pas ce que vont devenir nos images. J'ai conscience d'avoir assez de rushes pour faire un peu plus que le court-métrage expérimental que j'ai envisagé, mais il me reste encore beaucoup à monter. On me parle d'un film avant que j'aie pu me rendre compte que c'en était un. Sur le chemin du lac Majeur, un journaliste de *La Gazzetta dello Sport* m'appelle, exactement à l'endroit où j'ai tourné le clip de *Milan Athletic Club*. Tout cela s'entrechoque dans ma tête et amuse beaucoup ma fille.

Substitute n'est pas *Les Yeux dans les Bleus* et pas *Zidane, portrait du XXIe siècle*

C'est même l'opposé. *Les Yeux dans les Bleus*, c'est une caméra autorisée qui a pénétré dans l'intimité de l'équipe de France. ça a été un véritable carton. Le film montrait l'équipe de France victorieuse de l'intérieur et a pu ainsi cultiver le mythe d'une équipe solidaire qui va vers la consécration. D'ailleurs, quatre ans plus tard, les gens de la FFF ont voulu surfer sur cette vague, mais ce fut un flop total. La France a perdu. Et comme la défaite, ça n'intéresse pas vraiment, ça n'a pas marché.

La FFF n'a pas pris le risque d'un *Les Yeux dans les Bleus 3*, alors Fred a fait *Les Yeux dans mes yeux.*

Bon, c'est vrai, Fred n'avait pas de scénario. Heureusement pour le film. Malheureusement pour moi, j'ai raté ma Coupe du monde et ça a donné ça, *Substitute.* Ce film aurait dû être un truc expérimental sur un mec qui part pour jouer et même beaucoup jouer, un mec qui part vers la gloire. C'est ce qui aurait dû ou pu se passer. Lorsque Fred me donne cette caméra, je suis indiscutable en sélection. Mais pour le plus grand bonheur de la narration, mon statut va changer et une dramaturgie va se cristalliser autour de mon personnage, comme il le dit.

Fred avait même imaginé une histoire parallèle, au cas où j'aurais raté toutes les images.

Je crois qu'on n'aurait jamais pu imaginer une telle histoire. Personne au début de cette aventure n'aurait pu me prédire un tel futur.

Merci, Raymond, merci pour *Substitute*, merci pour mon avenir. Bon, assez de remerciements pour le moment, j'aurai l'occasion de te remercier tout au long du récit, parce qu'en fait t'es sympa quand tu me fais jouer, t'es sympa quand tu ne me fais pas jouer et t'es même sympa quand tu veux des thunes.

Donc je ne joue pas. Et donc on ne fait pas *Les Yeux dans les Bleus*. Normal puisque Fred m'a filé une caméra super-huit. *Les Yeux dans les Bleus*, le film de Stéphane Meunier, a été fait en DV, petite caméra qui se faufile un peu partout et qu'on oublie complètement. Il semble qu'eux aussi avaient réussi à devenir de véritables membres de la délégation française.

Fred avec sa super-huit a choisi une autre approche. Une super-huit, c'est énorme, ça fait beaucoup de bruit et ça ne prend pas de son. En plus on ne peut pas appuyer sur ON et laisser tourner en faisant autre chose.

Il aime le super-huit, c'est sûr. Il aime cet objet, les images qu'il fait, le grain. Il aime mettre les gens dans l'acte de filmer, dans le désir de filmer, et c'est ce qui s'est produit chez moi. Il a pris le parti de ne pas voler d'images. Moi aussi, et avec la super-huit, c'est réglé.

Si je veux être honnête, je suis obligé de reconnaître que je n'ai rien inventé. Jamais. En l'occurrence, j'aurais peu de peine à faire croire que j'ai inventé un dispositif. En fait, il s'est construit par les contraintes.

Le choix du support s'est avéré primordial. Il se trouve que je ne sais pas filmer en DV. Mon parcours d'artisan expérimental m'a familiarisé avec les supports les plus modestes, c'est-à-dire le Caméscope domestique et la caméra super-huit, son ancêtre. Entre ces deux supports, il existe une différence fondamentale : la profondeur de champ. Pour simplifier, si je filme en DV, toute l'image sera nette alors qu'en super-huit, je peux choisir quel plan de mon image sera net. Je peux montrer au spectateur ce qu'il y a à voir.

Donner une caméra à un joueur ? Je ne dispose d'aucune accréditation, je suis dans l'impossibilité absolue de filmer mon sujet pendant la durée de la compétition. Il ne me reste que la solution de lui donner une caméra.

Je choisis de monter le son d'abord. Je dois, quoi qu'il arrive, attendre au moins dix jours pour voir les bobines développées, alors que je dispose du son immédiatement.

Je n'essaie pas de me livrer à un exercice de fausse humilité. J'aurai sûrement eu le mérite d'avoir la conscience aiguë de l'endroit où je me trouvais et des moyens dont je disposais. C'est finalement la seule chose à laquelle je me sois attaché. Filmer ce qu'il y avait à filmer, de l'endroit où nous nous trouvions. Ce qui a certainement été le cas de Stéphane Meunier, qui avait à filmer depuis la position de l'accrédité ultime, et celle de Gordon et Parreno, dont les moyens pour filmer la star étaient à la mesure de leurs ambitions artistiques.

Et puis la chance. Imprévisible par définition. Je scrute avec angoisse les premiers indices qui m'indiqueront si elle est avec nous. Une certaine forme de grâce a accompagné *Substitute* de bout en bout. L'itinéraire sportif de l'équipe de France, l'improbable scénario du parcours de Vikash, son talent pour filmer et prendre la parole, la multiplication des situations *right time right place*. Comme si tout cela devait se faire. Et de cette façon.

« C'est quoi, ton projet ?

– Je ne sais pas, je lui donne une caméra, après on verra.

– Vikash filme en ce moment ?

– Je ne sais pas.

– Il enregistre du son ?

– Pas pour l'instant, je n'ai rien reçu. »

Beaucoup de producteurs auraient craqué. J'ai trouvé des gens au bon endroit et au bon moment. Je suis simplement fier de m'en être sorti, les rapports entre le foot et le cinéma sont assez délicats. J'ai parfois le sentiment que le foot génère assez de passion et d'émotion pour neutraliser ce que l'on aimerait faire passer par les images. C'est finalement en filmant plus une histoire d'amitié que la passion du football que l'on aura sauvé *Substitute*.

La gestion du son

La caméra super-huit ne prend pas de son. Fred m'a donc donné un Nagra au cas où j'aurais envie d'« habiller mes images ». Le Nagra, c'est un peu plus sophistiqué que la super-huit. C'est plat, discret, avec une autonomie assez importante. Il se glisse facilement sous un pull. C'est ce que j'ai fait pendant la montée du col à Tignes. Je voulais profiter de ce moment de vie collective pour laisser l'appareil branché et ensuite écouter le résultat. Je l'ai perdu ! Acte manqué ? Étrange quand même. Ça m'a bien arrangé en fait, mais pas Fred. Je n'avais pas aimé prendre du son à l'insu des autres et je ne tenais pas à le refaire. Il était hors de question de voler quoi que ce soit à qui que ce soit.

Cet événement a réglé le problème du son. Je ne sortirais plus le Nagra de ma chambre. Fred m'en a donné un autre peu de temps après. Il était là près de moi et je ne l'utilisais jamais.

Avant le départ pour l'Allemagne, on s'est vus, on se filmait et on enregistrait ce qu'on se disait.

On s'appelait régulièrement, comme des amis peuvent le faire. Il était seul chez ses logeurs et moi dans mon château. Fred a continué à enregistrer nos conversations téléphoniques. Parfois je le savais et parfois non. J'ai toujours parlé naturellement, sans jamais contrôler ce que je disais, sans jamais manier la langue de bois. Fred n'est pas journaliste et ce que je lui confiais ressemblait sûrement à ce que pouvait raconter un autre remplaçant à un de ses proches. Bien sûr, je n'aurais jamais pu évoquer tout cela avec un journaliste de *L'Équipe*.

Lorsque j'ai visionné les vingt premières minutes du film, j'ai presque regretté mes propos, sur Domenech surtout. Je me suis rendu compte que c'était violent. Fred m'a alors confié qu'il montait sur le son, puisque développer les films super-huit prend beaucoup de temps.

J'ai déjà parlé de l'importance du fait d'avoir monté le son avant les images. Mais j'avais donné un petit magnétophone numérique à Vikash. Il a commencé par en perdre un dans la neige de Tignes. Comme une sanction pour nous être éloignés du principe de notre démarche. Ensuite je lui en ai donné un autre qu'il a emmené en Allemagne. Il m'a souvent dit qu'il s'en servait peu ou pas. Qu'il prenait des ambiances. Je l'ai un peu oublié. Après le dénouement du 9 juillet, il me l'a rendu en me disant qu'il avait quand même un peu enregistré. J'étais en plein montage, j'y ai prêté peu d'attention. Quelques jours plus tard, il me demande si j'ai écouté. Non, je n'y pensais plus. Alors je mets sur ON. D'abord, du son d'ambiance dans sa chambre. Il écoute de la musique, il sifflote. Plage suivante : « Alors là on est dimanche, on vient de battre le Brésil. Enfin, ils viennent de battre le Brésil… » Je suis suspendu à ses mots. Les sentiments qui passent dans son monologue sont très puissants. On entend que c'est la nuit, on sent qu'il n'a pas pu faire autrement que se relever pour parler dans le magnéto.

« J'ai envie de parler à personne, alors je te parle à toi, Fred… »

Merde, je prends la mesure de ce qui s'est passé entre nous pendant cette Coupe du monde. Le discours est incroyablement prenant. J'écoute et je comprends que c'est le tournant de l'histoire. Du lourd, même les respirations et les silences disent quelque chose. L'élocution dans un souffle, comme lorsqu'on se parle la nuit et que les murmures paraissent toujours trop forts. Et il se produit le même phénomène qu'avec les images ; je garde la séquence en entier. Et je trouve une immense pièce du puzzle en me souvenant de cette séquence que Vikash a filmée quelques jours plus tôt : ça commence devant le miroir de sa salle de bains, puis il fait disparaître la caméra du champ, il rejoint son lit, prend un livre et enfin la lumière s'éteint. Pile poil la même longueur.

Il a enregistré d'autres monologues plus légers. Ils accompagnent la fin du film, la veille et le jour de la finale. Je me rends compte qu'avec ce magnétophone et le micro qu'il utilise, le son est bien meilleur que sur les autres enregistrements. La qualité du son se précise en même temps que le propos touche à une plus grande intimité. Ce n'était pas prévu et ça marche. Une certaine grâce a plané sur ce projet.

Substitute et l'équipe de France

On a essayé d'être honnêtes, de faire dégonfler le truc. Non, je n'ai rien volé pendant cette Coupe du monde. Je ne vous ai pas filmés en train de vous doper, je ne vous ai pas enregistrés en train de cracher sur Domenech. Non, je ne l'ai pas fait, et je ne sais pas si certains d'entre vous, les gars, l'avez jamais fait, et je m'en contrefiche complètement.

J'ai juste pris des images qui me semblaient intéressantes, et logiquement vous n'étiez pas dessus. J'ai aussi pris du son, mais pas lors de nos rares conversations intéressantes.

Pourtant je me suis beaucoup plu à vivre toutes ces années dans le milieu du foot, ces deux mois avec vous y compris, à entendre des vannes toute la journée et à se faire des barbecues sympas, mais pas de quoi en faire un film captivant.

Alors ce que je n'ai pas pu faire au début de cette Coupe du monde, je l'ai fait à la fin. J'avais parlé à

Yann Le Guillard, l'attaché de presse des Bleus, du projet de Fred. « Tu connais Fred Poulet, mon pote ? Eh bien il m'a filé une caméra... » Mais je me suis rendu compte que ça n'avait aucun intérêt de demander des autorisations et d'expliquer un projet pour nous encore flou.

Alors avec Pierre on est allés voir les gens de la fédé. On leur a proposé de voir le film. Ils ont vite compris que leur business n'était pas menacé et c'est tout de suite devenu moins urgent et moins intéressant. On s'est aussi retrouvés au *Grand Journal* de Canal Plus pour faire retomber tout ça. Et ça a bien marché : quelques images, une petite explication, l'aide de Denisot (qui n'a pas vu le film mais qui m'aime bien je pense, d'ailleurs je l'aime bien aussi), et le tour était joué. L'histoire de *Substitute* pouvait continuer.

Je suis victime comme tout le monde de la propagande qui tend à déifier l'équipe de France et ses membres. Ces mecs qui vivent des moments tellement énormes, gagnent tant de fric. Les vedettes absolues du nouvel Hollywood cathodique. Comme le principe du vedettariat est de faire fantasmer, j'ai imaginé que certains d'entre eux allaient être curieux de voir cette caméra infiltrée. J'ai imaginé qu'ils pourraient jouer avec, avoir envie de filmer quelque chose. J'ai imaginé que les mecs s'emmerdaient et qu'ils passaient dans les autres chambres pour discuter un peu et passer le temps. En fait, pas du tout. Même pour la sortie en salles, personne n'a manifesté la moindre curiosité. Je trouve ça extraordinaire. Je n'en tire pas de conclusion particulière, sinon que cela donne encore plus de relief à la démarche de Vikash lorsqu'il a décidé de me contacter après avoir lu l'article dans *Vacarme*. Cela donne également la mesure de sa singularité dans le monde du football.

Faire face

Toute ma carrière, j'ai tenu. Se relever après une blessure ou une mise à l'écart, faire face, c'était mon quotidien. Je sais que je suis un privilégié, que la vie est dure et que la mienne ne l'est pas spécialement. Chacun ses problèmes. Je ne me plains pas, j'explique, c'est comme ça. Et je crois que les privilégiés ont aussi le droit d'avoir les leurs. Bien sûr, les miens ne sont pas d'ordre matériel ou financier et la décence m'impose beaucoup de prudence dans mes propos.

Mais le foot, c'est vraiment dur. Aujourd'hui, je sais ce que j'ai fait pour devenir footballeur et pour le rester, rester au top niveau.

Pour jouer au football, j'ai accepté de ne pas partir en vacances quand j'étais ado, j'ai accepté de me faire opérer d'une pubalgie à quinze ans, maladie du footballeur due au surmenage. J'ai aussi accepté de porter un corset à seize ans à cause d'une hernie discale, pour finalement passer sur le billard.

Tout au long d'une carrière on se blesse, on rate un match, et le lendemain il faut retourner à l'entraînement, se préparer, préparer le match suivant.

Et quoi qu'il se passe, il faut y retourner. C'est vrai, j'ai été chanceux et souvent c'était agréable, le lendemain d'une belle victoire, de se lever et de croiser des gens qui vous félicitent et même parfois vous remercient. La dernière année à Lyon, pour ça, ça a été fantastique.

Une carrière de footballeur est marquée par des grands moments. On se souvient plus facilement des grandes victoires. Mais aujourd'hui, en écrivant ce livre, il me semble beaucoup plus intéressant de m'arrêter sur mes grandes défaites. Parler de mes différents trophées gagnés pendant ces quinze années de professionnalisme ne me déplairait pas, mais je vais vous épargner cela.

Faire face, c'est aussi faire face dans les moments durs et les lendemains de défaites. Il faut assumer et accepter son rôle, aller répondre à la presse le soir et le lendemain de match, accepter le regard des autres. Je me suis rendu compte, surtout à Lyon, que l'équipe s'est souvent resserrée, ressoudée dans les périodes de défaites. Le défi était plus grand et nous le relevions tous ensemble, contre tout le monde. Dans la défaite, dans une mauvaise période, une équipe ou un joueur se retrouve seul au monde et c'est dans ces moments-là que les sportifs se révèlent. J'ai souvent aimé me mettre en difficulté pour ensuite me réveiller. Peut-être une façon de me mettre sous pression. C'est aussi dans ces périodes que tu en apprends le plus sur toi et sur les autres. Je considère que ces grandes défaites sont beaucoup plus constructives que les belles victoires.

Je crois vraiment aux valeurs que véhiculent la défaite et l'échec.

J'écrivais récemment : « Vive la France qui perd[1]. » J'y crois. Fred aussi y croit. Oui, j'aime aussi la France qui perd…

Pourtant, je n'aime pas perdre, mais perdre en ayant fait un bon match ne me dérangeait pas plus que ça.

Je trouvais cela assez marrant de rentrer dans le vestiaire sans me sentir responsable de la défaite. Ouvrir le journal, et sentir que d'autres joueurs sont visés. Malheureusement, vu ma position sur le terrain et mon statut d'international, on ne m'a que

1. Dans une tribune publiée en page « Rebonds » et sur les sites internet du quotidien *Libération* (www.liberation.fr/rebonds/335177.fr.php) et du mensuel *So Foot* (www.sofoot.fr/article-106627-vive-la-france-qui-perd-par-dhorasoo-sofoot.html).

très rarement épargné. Je me suis souvent dit que c'était mieux ainsi. J'étais un joueur important et donc exposé.

Jusqu'à cette Coupe du monde, j'ai eu peu de répit dans ma carrière. C'est certainement ce que j'ai mérité. Mais je pensais aussi avoir mérité une Coupe du monde un peu plus tranquille. Et non ! Ce sera pour une autre fois. J'ai vécu une Coupe du monde étrange. Je jouais et je n'ai plus joué. J'aurais voulu savoir pourquoi et je ne sais toujours pas. J'aurais voulu entendre autre chose que « l'équilibre de l'équipe… » ou « Ribéry est sponsorisé par TF1… » ou « Vieira veut jouer en 4-4-2 », etc.

Aujourd'hui, connaître la raison n'a plus d'intérêt. Je suis passé à autre chose. Il n'y a peut-être pas d'explication. Juste des choix. Le choix de gagner à tout prix, quitte à ne plus pouvoir se regarder dans une glace. C'est ça l'attirance pour le pouvoir, vouloir aller tout en haut.

Substitute est fini

La première version de *Substitute* est finie. On se retrouve avec Nabil chez Fred. Sarah est là aussi, mais pas Émilie. Où est-elle ? Je suis impatient et stressé de voir le résultat.

C'est la grosse pression pour Fred. On sent une énorme tension dans la pièce pendant toute la projection. C'est presque insoutenable.

C'est très étrange de se voir, de s'entendre parler, de se souvenir de ce que j'ai pu dire, de regretter parfois. Le moment du monologue arrive juste après le match du Brésil. C'est horrible. J'aimerais disparaître, retirer tout ce que j'ai pu dire sur Domenech. Et puis, lorsque le film se termine, je me sens soulagé. Étrange sensation, très étrange.

Bon, on s'est tous mis à pleurer. Séquence émotion intense. C'est Sarah qui pleurait le plus. Il paraît qu'elle pleure devant *Columbo*. On s'est tous embrassés, congratulés…

J'étais soulagé, libéré d'une certaine façon. Libéré du poids que je portais depuis le début de cette Coupe du monde. Je ne m'étais pas trompé, j'allais enfin pouvoir savourer. On m'avait volé ma Coupe du monde, mais je finissais avec un film, une aventure humaine plus forte que tous les trophées de la planète football.

Après les quelques larmes versées, j'ai remercié Fred. Je le sentais soulagé. « Si je t'avais senti tiède ce jour-là, c'était foutu. » Heureusement, j'étais enthousiaste. Je me suis reconnu dans ce film et j'ai tout de suite voulu le défendre, l'assumer, assumer ce qui était montré et dit. J'ai compris que cela pouvait être une bonne thérapie, une manière de faire le deuil de cette partie de ma vie. Mais je savais aussi que les pires ennuis allaient commencer…

Le film ne cherche pas à coller à la réalité. Il s'agit d'une fiction, d'un film de Fred Poulet.

C'est son projet, pas le mien. Je lui ai donné les bandes et le son et il a fait un montage subjectif, ou peut-être avec son objectivité.

Il a décidé de ne pas utiliser les conversations que j'ai pu avoir avec Émilie, avec ma famille, ni les moments pendant lesquels je pleurais au téléphone, où je parlais de ma famille, de mes filles qui me manquaient. J'ai souvent eu envie de partir pendant cette Coupe du monde, et de rentrer chez moi. Je ne l'ai pas fait, je suis resté jusqu'au bout.

Pour l'image, c'est un peu différent. Ce que j'ai filmé, c'est juste l'histoire d'une carrière de footballeur. Pendant ces quinze dernières années, j'ai passé beaucoup de temps dans une chambre d'hôtel pour préparer des entraînements ou des matchs, même souvent des grands matchs. Je pense que si Fred avait donné sa caméra à un autre joueur de l'équipe de France, il aurait filmé la même chose. Mais c'est impossible, Fred ne connaît pas d'autre joueur, et si cela était le cas, je crois qu'il n'aurait de toute façon pas compris le fonctionnement de la caméra. Il a peut-être pensé à Ribéry. Donc pour ça il a pensé écrire un article dans *Vacarme* où il aurait dit : « C'est agréable d'écrire Franck Ribéry », mais il ne l'a pas fait parce que c'est pas agréable d'écrire Franck Ribéry et peut-être que Franck Ribéry ne lit pas *Vacarme* alors il n'aurait jamais répondu à Fred, ou peut-être qu'il n'avait plus le temps de le faire... Je crois aussi que Fred s'est dit : « Bon, a priori, Vikash ne va pas jouer et Ribéry va tout déchirer et ce sera plus intéressant de faire un film sur un loser, un *substitute.* » Si j'avais vécu l'histoire de Ribéry, le film aurait été différent, pas intéressant, raté presque.

C'est pour cela que j'ai très peu sorti la caméra de ma chambre. J'ai passé une bonne Coupe du monde, deux mois sympas avec les autres joueurs, mais on ne le voit pas dans le film. Ce n'était pas le propos. Ce n'était pas un film sur la Coupe du monde de l'équipe de France, mais un film sur l'intimité d'un joueur qui allait participer à l'événement le plus médiatisé dans le monde. Alors Fred a fait son film, et moi j'ai joué le jeu. J'ai décidé de ne pas filmer les parties de cartes, les barbecues ou les repas.

Je me suis bien amusé avec mes copains footballeurs. On avait vraiment un groupe sympa. Pour vivre ensemble pendant deux mois, il faut se supporter, et tout s'est super bien passé. La victoire aide beaucoup, mais pendant les poules, alors qu'on ne jouait pas très bien, l'ambiance était assez cool. Je me suis marré pendant les parties de poker que nous organisions le lendemain de nos victoires. J'avoue, je les ai un peu tondus (je ne suis pas sponsorisé par Winamax, le leader du poker, pour rien). C'était pas très dur de les battre.

J'étais à l'aise dans cette équipe, j'avais ma place – sur le banc, mais j'avais ma place.

Monter, c'est tirer un fil. On le saisit un moment, on le sent, et ensuite il ne faut plus le lâcher. Et au bout, on se retrouve quelque part, à l'endroit d'une résolution qu'on n'avait pas imaginée et c'est la fin du film. Il reste du travail, tout le travail que l'on a fait ensuite avec Sophie, mais l'histoire est là, le film est là. Et alors je suis obligé de le montrer à Vikash. Souvent, pendant le montage, j'ai anticipé ce moment avec une pointe d'angoisse. Je montais toutes ces séquences pendant lesquelles Vikash se livrait avec parfois pas mal d'impudeur. Il ne pourrait supporter cette impudeur qu'à la condition que le propos tienne dans son ensemble. Comment en être sûr ? J'avais besoin que Vikash soit enthousiaste à la fin du visionnage. Je redoutais bien sûr qu'il soit consterné, mais le moindre scepticisme de sa part aurait été une catastrophe.

Il est arrivé en fin d'après-midi avec Nabil, un ami du centre de formation du Havre qui le connaît très bien, comme garant de ce qu'il pourrait reconnaître de lui dans le film.

Ce visionnage a été un moment particulièrement pénible. Je me sentais dans une empathie exacerbée avec Vikash et scrutais la moindre de ses réactions. Sarah était là aussi, et Gilles qui passait par là. À la fin du film un moment d'émotion indescriptible.

Je déteste ça. Et Nabil me sort de mon angoisse. Il regarde Vikash et lui dit : « Je suis fier d'avoir un ami comme toi. » Et tout le monde pleure et je suis comme un con, je n'ose même plus le regarder. Je sais que c'est gagné. Il ne peut plus rien m'arriver de grave. Vikash se reconnaît dans le film, il assume tout son propos et il est déjà fier de ce qu'il a fait. Je suis heureux, je suis soulagé, j'ai envie d'embrasser tout le monde, je viens de vivre le moment clé de toute cette histoire.

Fred, pourquoi ce projet ?

Fred, c'est un amoureux du sport. Il aime le foot, le rugby, le vélo, mais à sa façon, celle d'un poète, d'un artiste.

Fred écrit la rubrique sport dans *Vacarme*. Ses articles sont « des petits bijoux ». Ça, c'est Rodolphe Burger qui le dit.

Il lit *L'Équipe* tous les jours et écoute certainement RMC – non, là j'exagère, enfin qui sait, il ne nous dit pas tout. Il a écrit une chanson pour Luis Fernandez – tiens, c'est marrant, un mec qui m'a défendu à bien des occasions, dans son émission *Luis Attaque*. Pas vraiment un tube, plutôt à classer parmi les gros bides de l'histoire de la chanson. Ça vaut le coup d'écouter Fernandez chanter. Même en chanteur il est moyen, comme au poker.

Mais surtout, Fred a écrit une chanson sur le vélo, *Walking Indurain*, et bien sûr, Indurain a arrêté sa carrière dans la foulée. Eh oui, Fred, faut parfois l'éviter. Moi je suis quand même bien content de l'avoir croisé.

Quoi qu'il en soit, à l'approche de la Coupe du monde, cela pouvait arriver. Je veux dire que quelqu'un ait une idée un peu folle autour de cet événement. Et naturellement, c'est lui qui l'a eue.

Il aurait pu le faire au Tour de France, mais il ne connaît pas de cycliste, normal, ils ne lisent pas *Vacarme*, alors il a pensé à moi.

Substitute est son œuvre. Il a imaginé tout un processus, qui pouvait fonctionner ou non, et ça a fonctionné.

À dire vrai, c'est une drôle de question à laquelle je n'ai jamais vraiment réfléchi. Quand tu la poses, tu évoques Indurain, Fernandez, mes articles dans *Vacarme*. C'est vrai que je suis sorti de l'anonymat avec une chanson intitulée *Walking Indurain* et que j'ai réalisé mon premier – seul – long métrage avec toi pendant une Coupe du monde de foot.

Au fond, la question c'est peut-être : « Quel est ton rapport au sport ? », et je pense tout de suite à des souvenirs d'enfance. Le foot et le vélo, Noël et Paris-Roubaix.

Certains événements, certaines personnes sont des ensemencements qui font pousser dans notre vie d'interminables branches hybrides. Comment tel adorable étranger rencontré dans notre enfance nous fera aimer pour toujours son pays jusqu'alors inconnu. Comment tel oncle qui nous aura emmenés voir le Tour de France fait naître le goût de toute une vie pour le vélo. Comment le goût immodéré de nos parents pour telle ou telle activité sera la cause d'une indéfectible aversion. Ce qui fait d'un après-midi pluvieux devant la télé et d'un repas dominical chez mes grands-parents des moments très importants.

En 1970, j'avais demandé un vélo pour Noël et j'ai trouvé sous le sapin un demi-course Peugeot. Même selle baissée à fond, il était un peu grand pour moi, je devais m'asseoir sur le cadre pour pédaler à l'aise et cela en faisait le cadeau parfait : il me comblait en restant aussi une promesse pour l'avenir. J'ai fait un nombre incroyable de kilomètres sur les routes des Vosges. Et cet après-midi pluvieux et froid que je passe à regarder une course cycliste à la télé… Il tombait sur les coureurs le froid crachin qui m'était familier, les coureurs étaient couverts de boue, j'étais fasciné, je découvrais Paris-Roubaix. Immédiatement après la fin de la retransmission, je suis allé demander à mon père de m'accompagner pour faire un tour de vélo. Il m'a demandé ce qui me prenait de vouloir faire du vélo sous la pluie par un froid pareil. J'ai répondu que j'en avais simplement très envie et il a cédé. J'inventais les spectateurs, je lâchais le peloton au train, je tenais bon, je répondais avec humilité aux journalistes sur la ligne d'arrivée, j'étais heureux. J'ai collectionné les figurines des coureurs, Sercu, qui avait le cou aussi large que la tête, Agostinho, qui paraissait trop large pour rentrer dans le cadre, Lucien Van Impe, mon préféré, et mon oncle Paul m'a emmené voir le Tour de France au Ballon d'Alsace. Il avait dit : « Il faudra partir tôt », alors j'étais assis habillé sur mon lit à six heures et demie du matin. J'ai attendu deux heures ; j'ai découvert l'attente qui porte à un paroxysme le passage des coureurs, et l'énergie incroyable qu'on reçoit comme une gifle, et des adultes qui dégoulinent de bave et de sueur et puis plus rien. Et j'ai aimé le vélo pour la vie.

Ça c'est pour Indurain, pour le foot, je reviens aux Hollandais de 1974 et au FC Brunstatt. Enfant, je découvre à peine, grâce aux figurines Panini et au club de ma banlieue, que le football existe. Mais ma passion naissante pour ce sport ne peut en aucune manière infléchir l'interdiction formelle d'allumer la télévision pendant le déjeuner dominical. Il faut dire que la télévision, apparue chez mes grands-parents après la vente de la ferme, représentait plus un totem à la gloire d'un repos bien mérité qu'un réel outil de divertissement. Peut-être par souci de la cohérence de leur destin social, mes grands-parents ont quitté leur ferme pour une maisonnette dans une petite cité ouvrière, entre route et chemin de fer. Presque résigné, je mâchonnais sur le perron le vague projet de dégommer les guêpes sur les géraniums avec un élastique.

De l'autre côté de la route, la fenêtre est ouverte, la télévision dans l'alignement. Aucun doute, M. Saclier regarde la finale de la Coupe du monde de football. Les rapports de bon voisinage entretenus par les deux modèles sociaux que représentaient mes grands-parents et le couple Saclier m'autorisaient à envisager le miracle. Il ne me fut même pas si difficile de surmonter timidité et défaitisme précoce pour demander l'autorisation d'aller voir le match en face, autorisation qui me fut accordée après quelques : « Ne va pas embêter ces gens-là ! » M. Saclier m'accueillit de bon cœur et je me trouvai brusquement dans un des angles du triangle que je formais avec le football et le prolétariat sidérurgique communiste. L'angle international prolétaire s'accessoirisait d'une bière et d'un paquet de gris, celui du football d'une aura miraculeuse, et le mien de toute la joie contenue d'arriver juste pour voir les Pays-Bas égaliser. Parce que les intuitions qui nous font percevoir M. Saclier comme un stéréotype du communiste ouvrier d'après guerre nous indiquent aussi que les gars en orange avec les cheveux longs dégagent un je-ne-sais-quoi de décontracté. Élégance, dandysme, Johann Cruijff, Johnny Rep. M. Saclier était couvert de tatouages. Je me demandais s'il était un voyou quand il était jeune, ou même s'il était allé en prison. Et comment on pouvait être vieux, paisible et couvert de tatouages ? M. Saclier est resté muet, cramoisi et couvert de tatouages pendant toute la rencontre. Ébréchant à peine cette impassibilité pour boire ou fumer.

M. Lobanovski, l'entraîneur du grand Kiev de Blokhine et de la merveilleuse équipe d'URSS de 1986-1988, était son frère en « rubiconderie » tabagique et figée. Il assistait aux rencontres de ses équipes les mains sur les genoux, un mégot planté au milieu de son visage pétrifié. Il disait : « Il n'existe pas de conception socialiste pour marquer des buts. » Cette phrase n'excluait pas forcément l'idée qu'il puisse y avoir une conception socialiste du déplacement collectif et de la circulation de balle. Et qu'un enfant d'une dizaine d'années puisse percevoir tout ça et que ça l'aide à choisir son camp. Et j'ai couru des kilomètres sur le terrain du FC Brunstatt.

Dans les buts, Bruetschy ou Butticker. Au niveau du championnat départemental minimes, le choix du gardien s'effectue souvent par défaut. Butticker jouait dans les buts parce qu'il était quand même très gros, et Bruetschy parce qu'il était très mauvais au football. Les membres de l'équipe ne s'adressaient à lui que pour lui dire : « Bruetschy, tu es une croûte. » Pourquoi venait-il avec tant d'assiduité se faire humilier aux entraînements ? J'ai beaucoup médité sur cette question. Mon poste d'arrière droit et ma façon de l'aborder m'en laissaient le temps. Je pense avoir été un des arrières latéraux les plus contemplatifs du football français.

Arrière gauche, Benoît Bœuf. Le patronyme animalier des deux latéraux de l'équipe autorisait à l'entraîneur – M. Pigeon – une blague récurrente : « Bœuf, du nerf, Poulet, à l'aile ! » Rires. Cette expérience me permet d'affirmer qu'il est plus difficile de s'appeler Poulet que Bœuf dans le cadre d'une équipe de jeunes. J'accorde d'ailleurs une grande attention à la carrière du joueur de première division qui s'appelle Patouillard.

En charnière centrale jouait un drôle de type complètement lymphatique et pas très adroit. Il s'appelait Hol. Inamovible dans l'équipe du fait que son père était dirigeant et nous emmenait jouer les matchs à l'extérieur. Je me souviens maintenant que pour ces matchs, nous avions rendez-vous au café Bruetschy. Ce qui explique, hormis la surcharge pondérale de Butticker, le net avantage que possédait Bruetschy pour un poste de titulaire.

Je ne me rappelle plus le nom du stoppeur. Il était d'ailleurs assez discret, récupérait tous les ballons et semblait constamment désolé du niveau général de l'équipe.

Milieux de terrain : les frères Dalamano. César et Robert. Élégance italienne, des yeux incroyables et bons au foot. César, un jour que j'intervenais pour éviter à Bruetschy une nouvelle humiliation, m'a demandé, incrédule et un peu écœuré : « Tu as pitié ? » J'ai beaucoup médité sur cette question. Bien sûr que j'avais pitié. Une autre fois, particulièrement inspiré, je dribblai deux joueurs adverses

César m'a lancé : « Tu te prends pour Chico ? » J'ai beaucoup médité sur l'idée qu'en étant brillant, je sortais immédiatement de mon personnage.

Chico avait du poil aux jambes et une moustache naissante. Il dribblait super bien, marquait des buts et tout le monde l'appelait Chico, mais pas la même classe que les frères Dalamano. L'éternel combat entre l'Italie du Nord et le Mezzogiorno. Juventus contre Napoli.

Ailier gauche : Schaal. Complètement blond et complètement blanc, il détonnait un peu dans une ligne d'attaque plutôt méridionale. Schaal était gaucher et il courait très vite. Il gagnait des coupes en cross-country. Il voulait être sympa avec moi, mais il était tellement habitué à parler alsacien que je le comprenais parfois à peine.

Un jour, un nouveau est arrivé. Il s'appelait Richard, était noir, et l'attitude de mes camarades à son égard m'a plongé dans une douloureuse méditation. Depuis les temps ont changé et Anelka l'a vengé.

Tout est né de ces moments-là. Alors, pourquoi ce projet ? Amour précoce et spontané pour les deux sports les plus populaires, incompétence précoce à leur exercice, dont naît le besoin de revanche.

Tu vois, je réponds parfois aux questions que je pose.

Et pour ce qui concerne la chanson que j'ai faite pour Luis Fernandez, j'écrirai à ce propos dans le livre comique que tu souhaites faire sur le PSG.

Notre amitié

Fred a pensé à moi parce qu'on se découvrait et qu'il a, selon lui, senti chez moi la curiosité, la sensibilité nécessaires pour accepter l'aventure.

On a appris à se connaître tout doucement, pendant un bout de temps. On s'est appréciés et de cette amitié naissante est né le projet de Fred.

Pendant cette Coupe du monde, notre amitié s'est renforcée.

Finalement, ça pourrait être l'histoire d'un échec, ou l'histoire de l'intimité d'un joueur de football, ou même l'histoire d'un mec trahi par son père spirituel, ou encore l'histoire du premier et peut-être seul Indien à avoir fait la Coupe du monde, mais non. *Substitute*, c'est avant tout l'histoire d'une amitié qui naît et grandit devant tous. Et toutes ces petites histoires rentrent dans cette grande histoire.

J'ai peu d'amis très importants. Bernard, Antoine, Nabil, Pierre, Franck, Luigi…

Mathieu (Luigi) est un des seuls vrais potes qu'il me reste de l'époque où j'étais en centre de formation. Je n'étais pas interne, j'avais donc la vie normale d'un ado de mon âge. Je suis allé au lycée puis à la fac quasi normalement...

Nabil est mon plus vieux pote. On s'est connus au centre aéré du Havre, où ma mère et sa sœur étaient copines. On ne s'est plus lâchés jusqu'à aujourd'hui. Il travaille la nuit dans un cercle de jeu. Il a un super poste. C'est un vrai dur à cuire, avec un moral d'acier et une grande volonté.

J'ai longtemps gardé mes copains d'enfance, par habitude. Puis un jour, je me suis rendu compte du décalage, du fossé qui s'était créé entre nous. On avait évolué, on ne se ressemblait plus beaucoup.

Avec Nabil, c'est différent. Nos routes se séparent et se rejoignent toujours. Lorsque je suis arrivé à Paris, il partait pour Le Havre. Lorsque j'allais à Livourne, lui revenait. Aujourd'hui, on habite enfin en même temps dans Paris. Enfin. C'est vraiment cool.

Il était aussi très, très fort au foot, mais il a pour différentes raisons pris un autre chemin. Il voulait être footballeur, c'est sûr. Mais il n'était pas prêt aux sacrifices, aux efforts pour y arriver. Il a toujours voulu être libre je crois. Pendant que j'allais m'entraîner, lui, il allait à une manif étudiante. Quand moi je dormais pour préparer un match, lui allait à une soirée. Voilà la différence entre nous. Je crois que lui se comportait comme un ado normal, un étudiant normal qui vivait les choses de son âge à son âge.

Je l'enviais parfois, et en même temps, j'avais ce but que je m'étais fixé.

Il m'appelait : « Eh, Vikash, viens ce soir, y a une teuf mortelle ! » Parfois je cédais – quand il me disait qu'une certaine Carole serait là –, mais souvent je ne cédais pas à la tentation.

Je l'ai vu récemment et il m'a dit : « Vikash, je me lève tous les jours et tous les jours je me bats pour la même chose : être un homme libre. » Eh bien, t'as réussi mon pote. Tu n'as pas cédé à la pression sociale, au modèle social. Comme Fred me disait l'autre soir : « Je resterai sûrement pauvre, mais je ne me suis pas adapté au monde du travail, je n'ai pas voulu m'adapter au monde du travail. »

Il faut aussi une sorte de concours de circonstances pour devenir footballeur professionnel. Il faut être fort (avoir du talent), il faut être dans un environnement favorable (familial, par exemple). Il faut le vouloir, le vouloir vraiment.

Moi je rêvais d'être footballeur et j'ai eu aussi un peu de chance.

Tous les paramètres étaient réunis pour que le petit Vikash devienne joueur pro.

Je ne sais pas ce que je serais devenu sans le football. J'aurais continué plus sérieusement la fac et ensuite, le vide. Je n'étais pas prêt pour l'échec ; mon entourage non plus. Gagner ou perdre, sur ce coup-là, c'est tous ensemble, et le drame, c'est tout le monde qui le vit, toute une famille, et ma famille non plus n'était pas prête.

C'est pour cela qu'aujourd'hui, tout ce qui m'arrive est important, tout ce que je fais avec Fred.

Nous sommes dans une société qui glorifie les gagneurs. Il ne faut surtout pas être un perdant. Pourtant, je crois aux valeurs de l'échec, de la défaite. Ce sont des valeurs très formatrices et très constructives. *Substitute* défend aussi cette idée et c'est pour ça, je pense, que je me suis lancé à fond dans cette histoire. *Substitute*, c'est aussi l'histoire d'un type qui part vivre son moment de gloire et qui va connaître une très grande désillusion et des moments de tristesse. Je crois que je m'en suis bien relevé. Je sors de cette Coupe du monde sur mes deux jambes, loin d'être mourant et plutôt avec le sourire. C'est sans doute la morale de l'histoire. Ce message doit passer. Devenir footballeur, c'est dur, mais c'est beau, dur et magnifique à la fois. Je suis heureux d'avoir eu deux filles. Je ne pense pas qu'elles auront envie de suivre ma trace. Je n'aurai pas à les décourager. Elles vont pouvoir choisir leur vie sans aucune pression, ni financière ni sociale. Juste la possibilité d'être heureuses et bien dans leur peau.

Mais tout le monde n'a pas eu cette chance de pouvoir grandir loin du culte de l'argent et du travail, et cela ne dépend pas du compte en banque des parents.

Mes parents sont arrivés en France avec un seul souhait, celui de voir un jour leurs enfants à l'aise dans leur vie. Mes parents sont heureux et peuvent être fiers. Ils ont réussi leur pari.

Je pense (mais je n'en suis plus très sûr) que je n'ai jamais rêvé d'être le meilleur, de réussir (mot que je déteste utiliser), d'aller au sommet. Tout ce qui se passe aujourd'hui me dérange beaucoup, me trouble. C'est troublant qu'un gamin de vingt ans comme Benzema veuille être le meilleur, aller au sommet, et continuer à faire rêver les jeunes.

Les relations entre les uns et les autres sont basées sur la séduction, le rapport de forces, le pouvoir. Selon Fred, il faut prendre le pouvoir.

Je crois que ces personnes sont mes amis très proches parce que le rapport de forces est équilibré. Ce sont des gars qui à leur manière m'impressionnent. Je les respecte et je les admire. En fait, ils se ressemblent tous beaucoup, alors qu'ils évoluent dans des domaines très différents. Ce sont des battants, des gars qui ont la niaque !

Peguy Luyindula est le seul mec avec qui j'ai pu retrouver cette relation dans le foot. Le seul mec que j'écoutais et à qui je disais : « Oui, tu as raison, je me suis trompé, c'est intéressant ton point de vue... » Vous voyez, des choses de ce genre.

Fred m'impressionnait un peu trop au début. Mais le fait qu'il aime le foot m'a vite mis à l'aise. On pouvait au moins parler de ça !

Aujourd'hui, on écrit un livre à deux un peu avec le même système que pour *Substitute*.

Substitute, c'est quoi ? Un mec qui file une caméra à un autre et qui lui dit : « Tu filmes et on verra ce que ça donnera. »

Pour le livre, c'est un peu la même chose. On a pris le pari que ça pouvait de nouveau marcher. J'écris, et tu écris de ton côté, puis on verra. La différence, c'est que cette fois on nous a proposé d'écrire un livre. Je me suis souvent demandé d'où vient l'inspiration, comment naît un projet dans la tête d'un artiste. Pourquoi ceci et cela, pourquoi telle ou telle idée ? Et le jour où tu es venu avec ces caméras, j'ai compris certaines choses. Je suis devenu, par les plans que j'ai tournés, un coréalisateur, et j'en suis fier. Je crois qu'on défend les mêmes valeurs.

Lorsque je parle des supporters après France-Mexique, il colle ça sur un plan de braves gens allant au stade maquillés, avec le maillot de leur équipe. Lorsque je filme la sécurité autour du château, lui filme les stadiers à l'entraînement, etc.

Pour moi, ce film délivre beaucoup de messages. Fred a fait du beau cinéma.

L'Élysée et la table des titulaires

Enfin de retour en France. C'est bon d'être de nouveau presque chez soi.

Mais avant de rentrer à la maison, il faut passer faire coucou au président Chirac, normal, il est venu nous voir en Allemagne.

Nous sommes des héros. C'est complètement fou ! Les gens nous aiment (moi, pas sûr). On ne revient pas de la guerre, mais ça ressemble un peu à ça. Le retour des guerriers des temps modernes qui ont combattu pour l'honneur de leur pays et qui ont presque vaincu. Escortés comme des chefs d'État, nous nous dirigeons vers l'Élysée. C'est irréel, et même si je suis épuisé, ça commence à bien me faire marrer.

Nous traversons la foule des badauds et des journalistes, Chirac nous attend en pleine forme, avec « mâdame » à côté. Fantastique !

Il y a eu un discours venu d'une autre planète en l'honneur de Zidane (celui qui avait mis un coup de boule la veille sur un terrain de football).

Puis le repas. Je devais être à la table de Villepin. Quel honneur ! Mais il n'y avait pas de place pour Émilie, alors j'ai cherché une table ailleurs mais je me suis vite rendu compte que même à l'Élysée, il y a une table de titulaires (avec Chirac) et une table de *substitutes*. J'ai voulu m'asseoir à côté de Zidane, donc à côté de Chichi et en face de Raymond, mais on est venu me signaler très poliment que pour les *substitutes*, ce n'était pas là. J'aurais dû insister, faire un scandale pour me marrer, mais bon… Je me suis finalement retrouvé à la table de Thiriez. Pas de bol, surtout qu'à ma droite il y avait Trezeguet qui venait de rater son penalty (le pauvre) et en face de nous Cissé qui avait la jambe cassée et qui aurait certainement préféré un sandwich grec. À table, je me suis rendu compte que nos femmes avaient hérité du statut de leur mari. D'un côté, les femmes des titulaires ; de l'autre, celles des joueurs remplaçants. Sociologiquement intéressant…

C'est drôle et même normal, mais pendant cette Coupe du monde une hiérarchie s'est installée chez les femmes. Par exemple, Émilie s'est souvent retrouvée avec la femme de Coupet. Nous avons pris le café un jour ensemble en couple et on a discuté. Je les ai trouvés sympas. Ils étaient de simples *substitute*s, comme nous.

Heureusement, j'avais une très bonne vue sur la table des titulaires, que j'ai pu filmer un bon moment. Je me suis quand même demandé ce que pouvaient bien se dire toutes ces personnes.

Mais cette réception à l'Élysée, c'est surtout le moment où j'ai retrouvé Émilie – et mes deux filles, Rose et Sara, le lendemain.

C'était enfin fini, je rentrerais bientôt chez moi avec ma femme. J'avais hâte. Mais d'abord, il fallait se dire au revoir après deux mois passés ensemble. Je savais que pour moi c'était sans doute un adieu à l'équipe de France et à Domenech. Il y aurait un film où je parlerais de tout cela, il fallait donc être réglo. Je savais que je devais aller le voir, lui dire au revoir, lui dire que j'avais pas vécu une super Coupe du monde, mais je n'y arrivais pas. Émilie insistait, elle a pleuré ce jour-là. J'ai compris que je devais le faire aussi pour elle. Et je l'ai fait. Faut la comprendre, elle a souffert pendant cette Coupe du monde. Elle était tellement heureuse pour moi, tellement heureuse que je réalise un rêve. Ça devait être l'apothéose de ma carrière, il n'en a rien été. Depuis, on s'est croisés une fois, Domenech et moi, toujours dans l'indifférence la plus totale. C'était triste. Estelle Denis, la (future) Mme Domenech (de source sûre, il lui aurait discrètement demandé sa main...) m'a appelé.

On me demande souvent : « Quel a été le moment le plus dur pour vous pendant cette Coupe du monde ? »

C'est sans aucun doute juste après la victoire contre le Portugal. Nous sommes qualifiés pour une finale de Coupe du monde et c'est bien un moment triste. Fred l'a immortalisé. À la fin de la rencontre, tous les joueurs de l'équipe de France sont allés saluer leurs supporters, dans leur tribune. Émilie n'y était pas parce que j'en avais assez que ma famille vienne en Allemagne avec un maillot Dhorasoo sur le dos et ne me voie jamais jouer.

Cette scène du film me fait penser à James Stewart dans *La Mort aux trousses*, seul au milieu de la foule. Oui, Fred, on va bientôt te comparer à Hitchcock, ou à un autre. C'était tout le dilemme des après-matchs. J'étais heureux de la victoire et triste de ne pas avoir joué. C'était le paradoxe de ma Coupe du monde.

Et s'il n'y avait pas eu de film ?

Substitute aurait pu ne pas exister. Fred aurait pu ne pas concevoir ce projet et j'aurais fini la Coupe du monde dans le même état.

J'aurais repris la saison avec le PSG, j'aurais supporté Lacombe encore une saison jusqu'à son licenciement (parce que ça au moins, ça n'aurait pas changé), et j'aurais retrouvé mon ami Le Guen…

Au lieu de tout ça, je me suis fait virer du PSG et donc je me suis retrouvé libre pour défendre le film, en faire sa promotion et même faire la tournée des festivals.

Le film a été sélectionné à Entrevues, le festival de Belfort, alors que j'étais en pleine préparation physique en attendant une éventuelle proposition lors du mercato d'hiver. J'avais décidé de ne pas y aller pour rester footballeur. Fred et Pierre m'ont appelé le soir de la première projection pour me dire que l'on avait gagné le prix. Alors j'ai pris le train direction Belfort. C'était normal d'y être avec Pierre et Fred. Moment assez émouvant pour nous trois.

Le film a ensuite été sélectionné à Berlin, pas pour l'Ours bien sûr, mais dans une autre catégorie. Là, il faut que j'explique, car on peut se demander ce que je faisais à Berlin en pleine saison de football. J'ai essayé de retrouver un club lors du mercato d'hiver et j'avais presque réussi. Je me suis rendu à Fulham, un club de la banlieue chic de Londres, pour finaliser mon transfert. Tout était réglé : un contrat de deux ans et demi avec un salaire plus que bien. Malheureusement, je n'ai pas résisté après ces quelques mois d'arrêt. Au premier contact un peu appuyé, ma cheville a volé en éclats. Bilan : une grosse entorse du ligament tibio-péronal. Je ne m'étais jamais gravement blessé pendant ma carrière, et dans la vie il n'y a jamais rien d'anodin. J'y étais allé à reculons et je suis revenu avec des béquilles. Le type qui m'a taclé m'a rendu service. J'étais quand même mieux à Berlin à manger des saucisses. Une vie de footballeur sans le football, en somme. Mais revenir sept ou huit mois plus tard en béquilles là où s'était jouée la finale de la Coupe du monde, présenter le film qui avait fait polémique en France et recevoir un formidable accueil était assez surréaliste. On s'est fait applaudir dans des salles de cinq cents ou six cents personnes. Le film a été choisi par la presse berlinoise comme un des dix à voir.

On s'est aussi bien amusés à répondre aux questions du public après les projections. On a mangé beaucoup de saucisses, surtout Pierre.

Pour Fred, c'était extraordinaire. Il avait fait un film de cinéma. Ad Vitam, la société de distribution, a organisé la sortie et a réalisé l'affiche (ratée). L'avant-première a eu lieu dans un cinéma à Saint-Germain-des-Prés (trop petit pour y mettre tous les potes de Fred), suivie d'une soirée au Baron. La soirée était vraiment ratée. Le Baron pour notre avant-première n'était pas le bon choix. Pour rentrer, il fallait arriver avant minuit : minuit une, c'était trop tard. Eh oui, c'est comme ça les boîtes branchées de Paris. Dommage, parce que le son y est pas trop mal.

Pour moi de toute façon c'était raté, et pour Émilie aussi, qui m'a attendu toute la soirée : j'ai participé à l'émission de Guillaume Durand avec mes béquilles, mais il a fallu attendre Carla Bruni-Tedeschi et maintenant Bruni-Sarkozy pendant une heure. En fait, c'est Mme Sarko qui m'a gâché ma soirée d'avant-première, certainement la seule que j'aurai l'occasion de vivre.

C'est très bien foutu toute cette histoire. Tout se combine pour que j'aie le droit d'être fier, tranquillement. Par la grâce du hasard. Le fait d'avoir réalisé à deux est très pratique pour partager les éloges. Aucun flatteur, aucun cinéphile averti ne peut nier la prépondérance de l'investissement de Vikash dans le résultat. Et puis ce n'est pas une histoire que j'aurais eu le talent d'imaginer, elle s'est écrite toute seule ; ce film n'est pas censé refléter la richesse de notre monde intérieur, c'est deux mecs qui se sont bien débrouillés au bon moment. Cela m'a permis de voir mon travail reconnu et d'en tirer satisfaction sans être trop encombré de considérations égotiques.

Ensuite il se trouve que nous avons fait un film politique, un film politique de gauche. Nous avons pris le parti de relativiser l'importance de la compétition, la modestie des moyens employés, la transgression des règles footballistiques ou cinématographiques… Nous sommes des vrais amateurs de l'amateurisme et nous le faisons avec le plus grand sérieux.

Et bien sûr, l'amitié. De toute évidence, le discours du film, le discours de Vikash dans le film et sa façon de filmer sont axés autour des relations humaines. Alors même si une pudeur – bien ou mal placée – m'empêche de m'étendre, c'est primordial. Gagner la confiance de l'autre et en être digne. Quand je monte un plan que Vikash a tourné et qu'il dit : « Je vais zoomer, j'ai envie de te voir », je suis envahi de délicieuses certitudes à ce propos. Filmer quelqu'un, c'est désirer le voir et le séduire en le rendant beau.

C'est là que je dois évoquer la projection du film à la Femis, la grande école du cinéma français ; trois autodidactes venaient rencontrer les étudiants dans leur institution. À cet endroit et à ce moment-là, j'ai eu l'impression qu'il était important de dire avec force qu'on pouvait faire un film avec un langage sommaire, sans avoir appris, si on le désirait vraiment. Et aussi qu'il y avait peut-être une différence entre l'idée de faire un film et celle de faire du cinéma. L'académie et la connaissance ont produit des films merveilleux, mais rien n'empêche d'élargir le champ des possibles.

Vikash m'a souvent dit qu'il m'avait senti véhément ce soir-là, voire revanchard. Ma réticence à l'admettre tend à prouver qu'il doit y avoir un fond de vérité.

À la fin du débat, un étudiant s'est levé pour me demander qui j'étais, un chanteur, un réalisateur ou un chroniqueur ou quoi que ce soit d'autre qu'on ne sache pas encore. Une question sans réponse, que je n'aurais pas posée moi-même. Sans *Substitute*, il m'aurait simplement demandé qui j'étais.

La promotion

La promo, il faut que j'en parle deux minutes. Répéter la même chose pendant des heures c'est relou, mais c'est nécessaire et conseillé. Fred et moi avons été assez mauvais (on n'est pas des pros de la promotion), et je pense qu'on n'a pas bien vendu le film. On s'est quand même un peu amusés.

Tous les plateaux nous déroulaient le tapis rouge, plus pour polémiquer que pour réellement faire la promotion du film. L'accueil de la presse était bon, les critiques aussi, parfois plus que bonnes.

On a fait des télés ; on en a aussi beaucoup refusé. Mathilde, l'attachée de presse, était assez surprise. Elle a l'habitude de s'occuper de sorties de films, et pas pour n'importe qui : David (Lynch), Christophe (Honoré)… Elle appelle les gens par leur prénom, à toi de deviner de qui il s'agit. David, je croyais que c'était Trezeguet et Christophe, Dugarry. Mathilde était impressionnée par Fred et moi, mais nous l'étions tout autant...

On a été obligés de refuser Cauet, le 13 heures de Pernaut. On avait piscine ce jour-là, ou plutôt bar...

Quelques anecdotes croustillantes méritent un petit commentaire, comme la fois où Pascal Praud (pas vraiment un ami), nous a dit qu'il nous respectait pour notre liberté et que lui avait accepté le système. Il était conscient de servir la soupe, mais pour gagner sa vie, il avait choisi.

Je me souviens de mon passage chez Fogiel (à la radio, bien évidemment). Ce type était allé retrouver une anecdote qui datait de mon adolescence. Trop fort. J'avais l'impression d'avoir sa marionnette devant moi.

Au cours d'une autre émission, à Lyon, sur une radio catholique, une émission très suivie, présentée par un vieux monsieur, Fred s'est endormi. Fred exagère parfois...

Pendant toute la promotion, on a voulu rester fidèles à notre travail et ne pas le vendre comme un autre *Les Yeux dans les Bleus* ou un film sur le football. On a préféré faire un petit score sans tromper les gens.

Substitute est sorti en février. Échec cuisant. Plus pour les autres que pour nous : tous ceux qui ont vécu cette aventure pendant plusieurs mois ont trouvé ça fantastique. Me voir sur grand écran dans un cinéma parisien était magique. Bon, c'est vrai, m'entendre l'était beaucoup moins.

Pour faire remonter les scores de la sortie, ma mère a décidé d'aller à toutes les séances au Havre. D'ailleurs, la véritable avant-première a eu lieu au Volcan (la maison de la culture havraise), quelques jours auparavant.

Au début, j'étais déçu des résultats, déçu pour Fred, pour le film qu'il avait fait et surtout parce qu'il y a une vraie histoire, des messages forts dans *Substitute*, et que peu de gens les recevront. C'est dommage parce que ceux qui ont vu *Substitute* sont majoritairement ressortis ravis. Du coup, j'estime même qu'avoir vu le film est un privilège.

À Paris, le film est sorti dans deux salles : le MK2 Beaubourg et le cinéma Panthéon. Aller dans ce genre de cinémas demande un effort. C'est une démarche personnelle. C'est lire les critiques, se faire une idée... Les critiques ont été majoritairement bonnes, sauf celle de *L'Équipe*, mais cela n'a pas suffi pour attirer les spectateurs.

La promotion du film n'était pas ma première expérience dans le domaine. J'ai eu à parler de mes disques. La nouveauté, c'était de répondre à ces questions avec quelqu'un qui en connaissait autant que moi. Dans l'exercice de la promotion, on tourne des raccourcis à notre avantage, on revendique des concepts que l'on a été surpris de découvrir, on élude des points gênants en servant des formules habiles, on sert du réchauffé comme s'il sortait du four. Nous sommes devenus complices d'un petit chapelet de flatteuses inexactitudes, d'approximations utiles et de recyclage éhonté. ça nous a aidés à rester dans les limites de l'honnêteté. Chacun pouvait compter sur l'indulgence de l'autre et aussi sur sa vigilance.

Et puis huit journalistes sur dix étaient venus rencontrer Vikash Dhorasoo et mon rôle a souvent consisté à l'accepter de bonne grâce. Pendant que j'expliquais en toute fausse humilité à certains d'entre eux comment j'avais eu la chance de tomber sur ce mec et qu'ensuite les événements s'étaient enchaînés miraculeusement, lui devait se justifier (avait-il ou non trahi ses camarades ?) et parler de sa carrière, de Zidane et de Domenech. Vikash en première ligne sur tous les fronts et moi derrière en train de retirer les marrons du feu, en essayant juste de ne pas me brûler à la flamme de la complaisance.

Accessoirement, les dîners post- ou préprojections ont contribué à installer solidement notre relation sur le terrain de la gastronomie. N'importe quelle saucisse vous le confirmera !

Je préfère parler de ce qui s'est passé après la sortie, dans les différentes salles de cinéma. Avec Fred, nous sommes allés un peu partout ; dans Paris, en banlieue et aussi en province. Là, on s'est marrés, on a pris du plaisir à aller à la rencontre de notre public (notre énorme public...). J'avoue, j'avais toujours peur de croiser ma mère dans la salle, mais je me disais que Châteauroux ou Sète, c'était quand même loin du Havre.

J'y ai rencontré un Dhorassien (ma mère est aussi une Dhorassienne), un anti-Dhorasoo, un couple anti-*Substitute*...

C'est quoi un Dhorassien ? Dhorassien ou dhorasien d'ailleurs, comme vous voulez. Vu que mon nom s'écrit avec un seul « s », et qu'à Maurice il se prononce « Dhorazoo », mais je n'en suis pas vraiment sûr. En normand, vu que je suis aussi normand du Sud, « Dhorazien » serait certainement plus juste.

Un Dhorazien serait donc un mec prêt à me défendre à tout prix, quels que soient le lieu, les circonstances ou les événements. J'avoue que c'est une espèce en voie de disparition, mais il en reste quelques-uns, comme Philippe Delerm. Philippe, je l'ai croisé lors de l'émission de Guillaume Durand. Il m'a consacré un chapitre de son dernier livre. Il m'a dit qu'il a aussi risqué sa vie pour moi un soir dans un café (j'exagère légèrement). C'est un vrai Dhorassien.

Le terme de dhorazien ou dhorassien (je sais plus) ne vient pas de moi. C'est un type, un jeune type sympa (un Dhorassien est toujours sympa), qui le soir d'une projection du film à laquelle Fred et moi étions allés a employé pour la première et dernière fois ce terme. Il s'est levé et contre tous a dit : « Moi je suis dhorassien pour toujours » (et ça c'est presque vrai). Il a failli se faire frapper mais il a été sauvé par un autre Dhorassien : moi-même.

C'était un moment sympa.

Pour aimer le film, on n'est pas obligé d'être un Dhorassien affirmé. Les gens se sont reconnus dans le film. Le spectacle, le théâtre, le cinéma ressemblent finalement beaucoup au football. Et le film rassemble une série de situations vécues, de sentiments de la vie de tous les jours.

Malheureusement ou heureusement, nous n'avons pas croisé que des Dhorassiens lors de nos rencontres avec notre public, de moins en moins nombreux au fil des projections.

Pour nous, c'était aussi très intéressant de trouver des personnes qui n'avaient pas aimé. Le débat était lancé.

ÉPILOGUE

La métamorphose

Vikash est un mec qui prend le métro. C'est très important. J'ai le sentiment d'avoir le privilège d'observer quelqu'un qui prend – gagne – sa liberté. La trajectoire d'une vie professionnelle est étroitement balisée pour le commun des mortels ; on s'oriente à la fin de ses études, on progresse ou pas dans sa profession et on s'arrête à la retraite à un âge canonique. Ce schéma est bouleversé dans le cas d'un footballeur ; il commence sa vie professionnelle très jeune, gagne plein de fric et termine sa carrière à l'âge où certains finissent leurs études de médecine. C'est étrange de voir un adulte qui s'est déjà réalisé réfléchir à son avenir professionnel, se demander ce qu'il va faire de sa vie alors qu'il l'a déjà vécue. Compte tenu de cela et du confort financier qui résulte d'une carrière de footballeur international, rien dans cette réflexion n'est vraiment vital.

Si je suis observateur de cette tranche de vie, j'y ai aussi une part de responsabilité. Je me suis parfois senti vaguement coupable quand nous rencontrions le public à l'issue des projections et que revenait la question récurrente : « Pensez-vous que le film ait précipité votre fin de carrière ? » Vikash répondait invariablement que non, pas du tout. Pourtant, je sentais souvent à ce moment-là un léger trouble. Même si ses entraîneurs ou ses dirigeants ne lui ont jamais reproché directement, il était possible que cela l'ait ostracisé un peu plus dans un monde que je découvrais très réticent à l'expression d'une personnalité libre. Jusqu'à cette projection au festival d'Amsterdam, un an après la sortie du film, où il répondit à la même question par un surprenant : « Oui, sûrement. » J'ai compris ce jour-là que *Substitute* avait moins conditionné la façon dont le monde voyait Vikash que la façon dont Vikash voyait le monde.

J'écrivais à propos du match de préparation France-Mexique : « Nous installons le ver dans le fruit, nous suspendons une cerise sur un gâteau à venir… » Je crois que c'est de cela qu'il s'agit, plus d'une naissance à soi-même que d'une mort. J'oserais même une comparaison un peu audacieuse ; quand Zidane apparaît quatre-vingt-dix minutes balle au pied et maillot sur le râble dans le film de son dernier match, Gordon et Parreno filment une mort, celle de l'icône. Quand Vikash fait *Substitute*, il ne joue pas au foot, il tient la caméra et parle, il filme un papillon qui sort de sa chrysalide, il filme son maillot sur son lit d'hôtel ou suspendu au crochet du vestiaire comme l'enveloppe inutile et fripée de sa mue.

Rétrospectivement, je me rends compte que l'épisode de la blessure à Fulham est tout aussi frappant. C'est tout de même étrange, un mec qui a été très rarement blessé pendant sa carrière va se faire une entorse terrible à l'entraînement le jour où il devait signer. Les limites de notre propre responsabilité dans les événements qui font notre vie sont toujours difficiles à apprécier.

Vikash était un joueur réputé ne pas marquer de buts. Je continue à penser que c'est l'illustration d'un certain mépris pour toute forme de résolution. De la même manière, il ne considère pas le terme de sa carrière comme une fin ; il se replace pour inventer la prochaine offensive. Le but, c'est l'action elle-même.

Little Big Man

Le foot, c'est fini. Et c'est cool. Pour certains c'est une petite mort, pour moi, c'est le début d'une nouvelle vie. C'était super, vraiment super. Je pense à tous les grands moments que j'ai pu vivre. Je repense à ces moments de joie, de bonheur, de peine, de déception aussi. Oui, c'est ça le sport, le foot, ce n'est que ça, de l'émotion.

Je suis heureux et parfois triste. Je regarde le foot et je me revois prendre le ballon, accélérer et délivrer une passe géniale. Je crois que j'ai eu le parcours que je voulais, j'ai vécu dans des villes magnifiques, joué dans des grands clubs, gagné des trophées... et je finis à Paris, la capitale de mon pays, la plus belle ville du monde. Paris, c'est grand, c'est beau et on y trouve tout. Ma carrière s'est terminée en queue de poisson, c'est vrai. Je n'ai pas vraiment choisi d'arrêter, même si je pense le contraire, on m'a un peu forcé, surtout Moustache, mais c'est mieux comme ça. La fin du « footballeur mélancolique », *dixit* Philippe Delerm.

On n'est jamais préparé, jamais sûr que c'est le moment de passer à autre chose. Aujourd'hui je continue ma vie, ma route en homme libre et ça va donner quelque chose.

Je glande, je m'ennuie assez peu, bientôt tout va s'accélérer. La mairie de Paris où je devrais rejoindre l'équipe de Delanoë, la boîte de production de cinéma Trompe le monde que j'ai fondée, journaliste pour *So Foot.* Plus de quoi glander. Alors je profite. Je vis cette nouvelle étape comme un luxe après avoir bien donné pendant pas mal d'années. J'ai le temps d'être overbooké, d'être speed et j'ai aussi hâte. C'est pour bientôt...

Milan, avril 2008

« Le billet n'est pas payé. » On est le 17 avril 2008, le grand Milan AC a fixé rendez-vous à 12 h 30 précises à Milanello, et voilà Vikash en rade en plein terminal Sud, à Orly. Il est 11 h 30, la carte bleue est refusée après trois essais, celle du rédac chef aussi, et ne parlons pas de celle du comptable. Bon. La première interview de Vikash Dhorasoo pour *So Foot* s'annonce à peu près aussi carrée que le journal, tout va bien.

Tout va bien, le mot est faible. Lorsque quelques heures et turpitudes plus tard, le taxi arrive enfin dans l'antre du club lombard, c'est comme si le temps s'arrêtait. « Vikash, un café ? T'as mangé ? Tu veux une entrée ? Un sandwich ? » Finalement, ce sera nappe blanche, steak cuit à la perfection, rouge de choix et dessert, le tout servi à la table du frère de Gattuso et de ses potes. Le Milan AC, c'est comme un film de Francis Ford Coppola : quiconque a figuré ne serait-ce qu'une seule fois sur la photo de famille fait partie de la famille à jamais. Même trois ans après, le cuisinier donne l'accolade et se souvient du parfum de glace préféré – fraise – de l'ancien pensionnaire. Flippant et impressionnant à la fois.

Une fois sur le terrain, c'est la même chose. Kaka, Maldini, Ancelotti proposent à leur ancien collègue de tomber le jean pour le short et de venir participer à l'entraînement. Il s'en trouve même quelques-uns pour lui proposer de resigner un contrat pro, ça change du PSG. La télé locale aussi est là, qui demande une interview. Le journaliste est content, il sert la main d'Inzaghi et de Pirlo, les deux plus grands joueurs italiens des dix dernières années. Le reste, c'est Kaladze qui donne l'interview qu'il avait promise, et surtout Rhino Gattuso qui passe par là et qui s'installe pour tailler une bavette. Est-ce du *off* ? Du *on* ? Difficile à dire, mais une heure et demie plus tard, quand la nuit est tombée sur Milan, ça fera une rudement belle interview, dans laquelle « Gattouse » traite entre autres la L1 de « championnat de merde » et la Raymonde Domenech d'« abruti ». En principe, c'est le genre de confession qu'on obtient après des mois de négociation, des années d'entregent et des dizaines d'interviews pour ne rien dire. Dhorasoo à *So Foot*, autant le dire, c'est vendu. Surtout qu'on a enfin trouvé le seul journaliste français prêt à payer ses billets d'avion de sa poche, alors pensez, on va pas le lâcher de sitôt[1].

1. Ce texte de Stéphane Régy a été publié dans le mensuel *So Foot* de juillet 2008 (n° 56).

Le sens du cadre

Little Big Man ? Oui, pourquoi pas. Little Dhorasoo alors, parce que Dhorasoo ne meurt jamais, et ça, c'est Bernard Lions qui le dit !

Normalement, on finit sa carrière par une belle sortie, une jolie annonce, un jubilé, une biographie ou un DVD retraçant une magnifique carrière. Pour moi, rien de tout cela. Le jubilé, ce sera pour une autre fois. Personne pour jouer avec moi, mais assez de monde pour jouer en face. Le DVD, j'y pense. Du genre « Mes plus beaux buts ». Seul problème, j'ai marqué deux buts et demi en quinze ans. Alors il va falloir prévoir des ralentis. La bio, peut-être, on verra.

Fred dit souvent que j'ai le sens du cadre. Il ne sait pas de quoi il parle. Je suis nul. Pas foutu de marquer à trois mètres des cages. C'est plutôt Thierry Henry ou Trezeguet qui ont le sens du cadre.

Moi si à l'aise avec mes pieds, et pas meilleur que

ma fille de six ans pour faire un dessin, je me suis pas mal débrouillé avec la caméra. Oui j'ai le sens du cadre, merci du compliment. J'aurais préféré l'avoir au foot, mais c'est comme ça. J'avais le sens de la passe décisive et surtout une sacrée trouille lorsque j'approchais du gardien adverse, alors je trouvais toujours un moyen de me défiler. Avec cette caméra entre mes deux mains gauches, je n'ai pas eu le choix et là où le meilleur buteur de la planète se serait planté, j'ai mis au fond. En rugby, on aurait dit que j'ai transformé l'essai.

Fred, Émilie, Pierre et les autres, je pense qu'on a transformé l'essai. J'en suis même sûr.

Remerciements

Pourquoi *Hors champ* ? Parce qu'un jour *Vacarme* et donc Pauline Fondevila, parce que Émilie Fondevila, Nabil Hijazy, Franck Annese, Caroline Besnard, Guy David, Stéphane Barba-Lopez, José Fondevila, Sarah Murcia, Jean-Pierre Hureau, et aussi parce que *Substitute* et donc Raymond Domenech, Bernard Lions, Gabriel Saïd, Denis Troch, Mathieu Louis-Jean, Tamayanty Dhorasoo, Marie-Catherine Fondevila, Pascal Versol, Alain Migliaccio, Alain Belsoeur, Mooslayah Dhorasoo, Vincent Duluc, Joël Hiss, Fabian Bourdoulous, Vipin Dhorasoo, et pourquoi pas Philippe Boixel, Brahim Marzak, Marc Nasmi, Sébastien Cazenas, Bachir Arfaoui, Vironi Dhorasoo, Peguy Luyindula, Jean-Philippe Sarazy, Hubert Renaud, Vaishna Dhorasoo, Nicolas Levasseur, Abdel Djadaoui, Antoine Oricelli, Pierre Walfisz, Rachid Taha, Roland Cohen, Stéphane Samson, ou alors Trompe le monde, Bertrand Delanoë, José Carlin Pérez, Pascale Clark, *So Foot*, Darren Tulett, Kool Shen, Seenayah Dhorasoo, Mathieu

Hors champ

Pradel, Éric « Moumouth » Koskas, Laurent Perrin, Anthony Dupray, Vincent Couëffé, Michel « Mikk22 » Abécassis, Philippe Bousquet, Jean-Noël Bourdoulous.. et forcément Fred Poulet.

Table des matières

MORT À LIVOURNE 9

AU DÉBUT ÉTAIT LE VERBE 31
« C'est délicieux d'écrire Vikash Dhorasoo » 33
Milan Association Calcio 44
Mon interview de Fred 48
Milan Athletic Club 53
Ça, c'est Paris ! 56

THE KID STAYS IN THE PICTURE 61
Substitute, le début 63
Substitute, c'est parti ! 70
L'annonce de la sélection 87
Tignes 90
Le Havre 93
France-Mexique 96
Clairefontaine 105

Le retour de Zidane 107
Substitute, le titre 113
Premier montage 117

ÊTRE UN *SUBSTITUTE* 119
Hameln et l'Allemagne 130
C'est quoi une Coupe du monde ? 134
Le rêve volé 143
Jour de finale 147

UN FILM DE CINÉMA 153
Dhorasoo a fait un film 155
Substitute n'est pas *Les Yeux dans les Bleus* et pas *Zidane, portrait du* XXIe *siècle* 162
La gestion du son 167
Substitute et l'équipe de France 171
Faire face 174
Substitute est fini 178
Fred, pourquoi ce projet ? 184
Notre amitié 194
L'Élysée et la table des titulaires 201
Et s'il n'y avait pas eu de film ? 205
La promotion 211

Table des matières

ÉPILOGUE 219
La métamorphose 221
Little Big Man 224
Milan, avril 2008 226
Le sens du cadre 229

Remerciements 231

Photocomposition PCA

Achevé d'imprimer en octobre 2008
par CPI Firmin Didot
pour le compte des éditions Calmann-Lévy
31, rue de Fleurus 75006 Paris

N° d'éditeur : 14561/01
N° d'imprimeur : 92273
Dépôt légal : novembre 2008
Imprimé en France.